# PROPÓSITO NA ORAÇÃO

**Dados Internacionais de Catalogação na Publicação (CIP)**
(Câmara Brasileira do Livro, SP, Brasil)

Bounds, Edward M., 1835-1913.
Propósito na oração / Edward M. Bounds ; [tradução Juliana Kummel de Oliveira]. -- São Paulo : Editora Vida, 2016. -- (Série Vida de oração)

Título original: *Purpose in Prayer*
ISBN 978-85-383-0337-4

1. Oração – Cristianismo 2. Vida cristã – I. Título. II. Série.

16-03086                                                                 CDD-248.32

**Índices para catálogo sistemático:**
1. Oração : Prática religiosa : Cristianismo  248.32

SÉRIE:
VIDA DE ORAÇÃO

# PROPÓSITO NA ORAÇÃO

## EDWARD M. BOUNDS

•••

**EDITORA VIDA**
Rua Conde de Sarzedas, 246 — Liberdade
CEP 01512-070 — São Paulo, SP
Tel.: 0 xx 11 2618 7000
atendimento@editoravida.com.br
www.editoravida.com.br
@editora_vida /editoravida

PROPÓSITO NA ORAÇÃO
© 2016, Edward M. Bounds
Originalmente publicado em inglês
com o título *Purpose in Prayer*

Todos os direitos desta edição em língua
portuguesa reservados e protegidos por
Editora Vida pela Lei 9.610, de 19/02/1998.

É proibida a reprodução desta obra por
quaisquer meios (físicos, eletrônicos ou digitais),
salvo em breves citações, com indicação da fonte.

∎

Exceto em caso de indicação em contrário,
todas as citações bíblicas foram extraídas de
*Nova Versão Internacional* (NVI)
© 1993, 2000, 2011 by International Bible
Society, edição publicada por Editora Vida.

Todos os direitos reservados.

Todas as citações bíblicas e de terceiros foram
adaptadas segundo o Acordo Ortográfico
da Língua Portuguesa, assinado em 1990,
em vigor desde janeiro de 2009.

∎

As opiniões expressas nesta obra refletem
o ponto de vista de seus autores e não
são necessariamente equivalentes às da
Editora Vida ou de sua equipe editorial.

Editor responsável: Marcelo Smargiasse
Editor assistente: Gisele Romão da Cruz
Tradução: Juliana Kummel de Oliveira
Revisão de tradução: Sônia Freire Lula Almeida
Revisão de provas: Josemar de Souza Pinto
Projeto gráfico e diagramação: Claudia Fatel Lino
Capa: Arte Peniel

Os nomes das pessoas citadas na obra
foram alterados nos casos em que poderia
surgir alguma situação embaraçosa.

Todos os grifos são do autor, exceto
indicação em contrário.

1. edição: ago. 2016
1ª *reimp.*: out. 2018
2ª *reimp.*: mar. 2019
3ª *reimp.*: out. 2020
4ª *reimp.*: abr. 2023

Esta obra foi composta em *Berkeley*
e impressa por Promove Artes Gráficas sobre papel
*Polen Natural* 80g/m² para Editora Vida.

# SUMÁRIO

Capítulo 1..............................................................................7

Capítulo 2..............................................................................12

Capítulo 3..............................................................................22

Capítulo 4..............................................................................33

Capítulo 5..............................................................................48

Capítulo 6..............................................................................56

Capítulo 7..............................................................................67

Capítulo 8..............................................................................80

Capítulo 9..............................................................................100

Capítulo 10..............................................................................111

Capítulo 11..............................................................................129

Capítulo 12..............................................................................153

Capítulo 13..............................................................................166

# CAPÍTULO 1

Meu credo me leva a pensar que a oração é eficaz e, certamente, pedir a Deus que governe os eventos do dia para o bem não é tempo perdido. Mesmo assim, há um sentimento geral de que quando um homem está orando ele não está fazendo nada, e esse sentimento nos faz dar importância indevida ao trabalho, às vezes a ponto de apressarmos ou mesmo negligenciarmos a oração.

Será que em nossos dias descansamos demais no que se refere à carne? Será que as mesmas maravilhas do passado podem acontecer hoje? Os olhos do Senhor ainda passeiam por toda a terra para mostrar-se forte em favor daqueles que confiam nele? Que o Senhor me conceda uma fé mais prática nele! Onde está o Deus de Elias? Ele está esperando que Elias clame por ele.

— JAMES GILMOUR DA MONGÓLIA

QUANTO MAIS ORAÇÃO HOUVER no mundo, melhor será o mundo e mais poderosas serão as forças contra o mal em todo lugar. Uma das fases de operação da oração é desinfetante e preventiva. Ela purifica o ar; impede a propagação do mal. A oração não é algo espasmódico e efêmero. Não é uma voz que clama sem ser ouvida ou é ignorada em silêncio. É, sim, uma voz que chega aos ouvidos de Deus e que age enquanto o ouvido de Deus estiver aberto a súplicas santas, enquanto o coração de Deus estiver atuante para o que é santo.

Deus molda o mundo pela oração. As orações não morrem. Os lábios que as proferem podem estar fechados pela morte, o coração que as sente pode ter parado de bater, mas as orações ganham vida diante de Deus, e o coração do Pai está focado nelas; as orações se perpetuam para além daqueles que as pronunciam; elas sobrevivem a uma geração, a uma época, a um mundo.

O homem mais imortal é aquele que orou mais e mais eficazmente. Desse tipo são os heróis de Deus, os santos de Deus, os servos de Deus, os vice-regentes de Deus. Um homem pode orar melhor em razão das orações do passado; um homem pode viver uma vida mais santa em razão das orações do passado; o homem de muitas orações aceitáveis realizou o maior e melhor serviço para a geração que lhe segue. As orações dos santos de Deus fortalecem a geração que ainda não nasceu contra as desoladoras ondas do pecado e da maldade. Ai da geração de filhos que encontra seus incensários vazios do rico incenso da oração, cujos pais estavam ocupados demais ou eram incrédulos demais para orar e perigos indizíveis e consequências não previstas são sua infeliz herança. Felizes são aqueles cujos pais e mães lhes deixaram um rico patrimônio de oração.

As orações dos santos de Deus são o capital armazenado no céu pelo qual Cristo continua realizando sua grande obra sobre a terra. As grandes dores e as fortes convulsões na terra são resultado dessas orações. A terra é mudada e revolucionada, os anjos agem com mais poder e voam com asas mais rápidas, e as diretrizes de Deus são moldadas quanto mais numerosas e eficientes forem as orações.

É verdade que os maiores êxitos que chegam à causa de Deus são gerados e mantidos pela oração. O dia do poder de Deus; os dias angélicos de atividade e poder acontecem quando a igreja alcança sua mais poderosa herança de fé e oração poderosas. Os dias de conquista de Deus acontecem quando os santos se entregaram à oração poderosa. Quando a casa de Deus na terra é a casa de oração, então a casa de Deus no céu fica ocupada e focada em seus planos e movimentos, e os exércitos terrestres se vestem com os triunfos e despojos da vitória, e seus inimigos são derrotados em todas as frentes.

Deus condiciona a própria vida e prosperidade de sua causa à oração. A condição foi estabelecida na própria existência da causa de Deus neste mundo. *Peça-me é a condição que Deus* define para cada avanço e triunfo de sua causa.

Os homens devem orar — orar pelo avanço da causa de Deus. A oração põe Deus em plena ação no mundo. Para um homem de oração, Deus está presente em plena força; para uma igreja poderosa, Deus está presente em glorioso poder; o segundo salmo é a descrição divina do estabelecimento da causa de Deus por meio de Jesus Cristo. Todas as dispensações inferiores fundiram-se na entronização de Jesus Cristo. Deus declara a entronização de seu Filho. As nações são inflamadas com ódio feroz contra sua causa. Deus é descrito como se estivesse rindo do fraco ódio deles. O Senhor rirá; o Senhor os exporá ao ridículo. " 'Eu mesmo estabeleci o meu rei em Sião, no meu santo monte' " (Salmos 2.6). O decreto permanece imutável e eterno:

> Proclamarei o decreto do Senhor:
> [...] Ele me disse: "Tu és meu filho;
> eu hoje te gerei.
> *Pede-me,* e te darei as nações como herança
> e os confins da terra como tua propriedade.
> Tu as quebrarás com vara de ferro
> e as despedaçarás como a um vaso de barro"
> (Salmos 2.7-9, grifo nosso).

*Pede-me* é a condição para um povo de oração disposto e obediente. "[...] Que se ore por ele continuamente [...]" (Salmos 72.15). Amparados por essa promessa simples e universal, homens e mulheres do passado gastaram a vida por Deus. Eles oraram, e Deus respondeu a suas orações; a causa de Deus foi mantida viva no mundo pela chama de suas orações.

A oração foi definida como a única condição de mover o Reino de seu Filho. " 'Peçam, e será dado; busquem, e encontrarão; batam, e a porta será aberta' " (Mateus 7.7). O mais forte no Reino de Cristo é o melhor golpeador. O segredo do sucesso no Reino de Cristo é a habilidade para orar. Aquele que consegue dominar o poder da oração é o mais forte, o santo no Reino de Cristo. A lição mais importante que podemos aprender é como orar.

A oração é a chave da vida mais santificada, do ministério mais santo. O que é mais qualificado na oração é o que mais faz para Deus. Jesus Cristo exerceu seu ministério seguindo esse princípio.

# CAPÍTULO 2

Devemos entregar-nos a Deus tanto em relação às coisas temporais quanto em relação às coisas espirituais e buscar nossa satisfação somente no cumprimento de sua vontade, quer ele nos conduza pelo sofrimento quer pela consolação, pois todos somos iguais com respeito a uma alma verdadeiramente submissa. A oração nada mais é do que o senso da presença de Deus.

— IRMÃO LOURENÇO

Certifique-se de focar no seu dever secreto; persista a todo custo. A alma não pode prosperar se negligenciá-lo. A apostasia geralmente começa com as portas fechadas. Tenha muita comunhão secreta com Deus. É a troca secreta que enriquece o cristão. Ore sozinho. Que a oração seja a chave da manhã e o ferrolho da noite. A melhor forma de lutar contra o pecado é lutar de joelhos.

— PHILIP HENRY

A oração da fé é o único poder do universo a que se rende o poderoso Jeová. A oração é o remédio soberano.

— ROBERT HALL

Uma hora de solitude gasta em oração sincera e fervorosa, ou sobre conflito e a conquista de uma única paixão ou sobre um pecado sutil no coração, nos ensinará mais sobre o pensamento, despertará mais em nós a capacidade e a formação do hábito de reflexão do que um ano de estudo nas escolas sem essas coisas.

— COLERIDGE

*Capítulo 2* **13**

Um homem pode orar dia e noite e enganar a si
mesmo, mas nenhum homem que não ora pode estar seguro de sua sinceridade. Oração é fé em ação.
Uma união da vontade e do intelecto concretizando-se
em um ato intelectual. É o homem como um todo
que ora. Menos do que isso é só um desejo ou um
trabalho dos lábios, um engano ou um disfarce.
Se Deus quiser restaurar novamente minha saúde,
estou determinado a estudar nada mais do que a
Bíblia. A literatura é inimiga da espiritualidade se
não for mantida sob mão forte.

— RICHARD CECIL

Nossa santificação não depende de mudanças ou
obras, mas em fazer essas coisas por causa de Deus
quando geralmente fazemos por nossa causa. Meu
tempo de trabalho não é diferente do meu tempo
de oração. A oração nada mais é do que o senso da
presença de Deus.

— IRMÃO LOURENÇO

Deixe-me queimar para Deus. Afinal, entre tudo o
que Deus estabelece, a oração é a maior de todas.
Oh, que eu seja um homem de oração.

— HENRY MARTYN

As POSSIBILIDADES E A necessidade da oração, seu poder
e seus resultados manifestam-se quando apreendem e
mudam os propósitos de Deus, ou quando liberam a
força de seu poder. Abimeleque foi atacado por Deus:

A seguir Abraão orou a Deus, e Deus curou
Abimeleque, sua mulher e suas servas, de forma

que puderam novamente ter filhos, porque o Senhor havia tornado estéreis todas as mulheres da casa de Abimeleque por causa de Sara, mulher de Abraão (Gênesis 20.17,18).

Os consoladores de Jó se comportaram de forma tão miserável e equivocada em sua controvérsia com Jó que a ira de Deus se acendeu contra eles. Deus disse a esses amigos: " '[...] Meu servo Jó orará por vocês; eu aceitarei a oração dele [...]' " (Jó 42.8).

"Depois que Jó orou por seus amigos, o Senhor o tornou novamente próspero [...]" (Jó 42.10).

Jonas estava em uma condição terrível quando "O Senhor, porém, fez soprar um forte vento sobre o mar, e caiu uma tempestade [...] violenta" (Jonas 1.4). Quando se lançaram sortes, "a sorte caiu sobre Jonas" (Jonas 1.7). Ele foi lançado no mar, mas, "O Senhor fez com que um grande peixe engolisse Jonas" (Jonas 1.17). "Dentro do peixe, Jonas orou ao Senhor, o seu Deus" (Jonas 2.1); "E o Senhor deu ordens ao peixe, e ele vomitou Jonas em terra firme" (Jonas 2.10).

Quando o profeta desobediente ergueu a voz em oração, Deus ouviu e enviou libertação.

Faraó acreditava firmemente nas possibilidades da oração e em sua capacidade de trazer alívio. Quando estava abalado pelas calamitosas maldições de Deus, apelou a Moisés que intercedesse por ele.

"Orem ao Senhor" (Êxodo 8.8) foi o pedido patético que ele repetiu por quatro vezes quando as pragas estavam afligindo o Egito. Quatro vezes esses apelos urgentes foram feitos a Moisés, e por quatro vezes a oração suspendeu a temida maldição que recairia sobre o rei teimoso e sua terra condenada.

A blasfêmia e a idolatria de Israel ao fazer o bezerro de ouro e declarar sua devoção a ele foram um crime terrível. A ira de Deus ardeu contra eles, e Deus declarou que destruiria o povo que pecara. O Senhor também estava muito irado com Arão, e a Moisés disse: " 'Deixe-me agora, para que a minha ira se acenda contra eles, e eu os destrua [...]' " (Êxodo 32.10). Mas Moisés orou, e continuou orando; dia e noite ele orou, por quarenta dias. Assim registra Moisés sua batalha de oração:

> "Depois prostrei-me perante o Senhor outros quarenta dias e quarenta noites; não comi pão, nem bebi água, por causa do grande pecado que vocês tinham cometido, fazendo o que o Senhor reprova, provocando a ira dele. Tive medo da ira e do furor do Senhor, pois ele estava irado a ponto de destruí--los, mas de novo o Senhor me escutou. O Senhor irou-se contra Arão a ponto de querer destruí-lo, mas naquela ocasião também orei por Arão" (Deuteronômio 9.18-20).

"[...] 'Daqui a quarenta dias Nínive será destruída' " (Jonas 3.4). Era propósito de Deus destruir aquela grande e perversa cidade. Mas Nínive orou, vestida de saco; sentada sobre cinzas ela clamou "a Deus com todas as suas forças" (v. 8), e "Deus se arrependeu e não os destruiu como tinha ameaçado" (v. 10).

A mensagem de Deus a Ezequias foi: "[...] '[...] "Ponha em ordem a sua casa, pois você vai morrer; não se recuperará" ' " (2Reis 20.1). Ezequias voltou o rosto para a parede e orou ao Senhor, dizendo: " 'Lembra-te, Senhor, como tenho te servido com fidelidade e com devoção sincera. Tenho feito o que tu aprovas'. E Ezequias chorou amargamente" (2Reis 20.3). Deus disse a Isaías: " 'Volte e diga a Ezequias [...]: 'Ouvi sua oração e vi suas lágrimas; eu o curarei. [...] Acrescentarei quinze anos à sua vida [...]' " (2Reis 20.5,6).

Esses homens sabiam orar e sabiam como prevalecer na oração. A fé deles na oração não era uma atitude passageira que mudava com o vento ou com seus sentimentos e com as circunstâncias; era um fato: Deus ouvia e respondia, seus ouvidos sempre estavam abertos ao clamor de seus filhos, e o poder para fazer o que se pedia a ele era proporcional à sua disposição. E assim esses homens, fortes na fé e na oração:

> [...] conquistaram reinos, praticaram a justiça, alcançaram o cumprimento de promessas, fecharam

*Capítulo 2* 17

a boca de leões, apagaram o poder do fogo e escaparam do fio da espada; da fraqueza tiraram força, tornaram-se poderosos na batalha e puseram em fuga exércitos estrangeiros (Hebreus 11.33,34).

Tudo naquele tempo, bem como agora, era possível aos homens e mulheres que sabiam orar. Na verdade, a oração abria um depósito ilimitado, e a mão de Deus não recusava nada. A oração introduzia aqueles que a praticavam em um mundo de privilégio e trazia a força e a riqueza do céu em auxílio ao homem finito. Que rico e maravilhoso poder possuíam aqueles que aprenderam o segredo de aproximar-se vitoriosamente de Deus! Com Moisés, salvou uma nação; com Esdras, salvou uma comunidade.

E, mesmo assim, por mais estranho que pareça, depois de contemplarmos as maravilhas que o povo de Deus testemunhara, houve negligência na oração. A mão que se agarrava com tanta força a Deus, que tantas vezes espalhava medo e terror no coração dos inimigos, perdeu sua força. O povo, relapso e apóstata, abandonara suas orações — se é que a maioria deles alguma vez tinha orado realmente. A oração fria e sem vida dos fariseus foi substituída por uma aproximação genuína de Deus, e por causa daquele método formal de oração toda a adoração se tornou uma paródia de seu propósito real. Uma gloriosa dispensação, gloriosamente desempenhada, foi a de Moisés, de Esdras, de Daniel e Elias, de Ana e Samuel; no entanto, o círculo parece limitado e de curta duração; as pessoas de oração eram poucas e esparsas. Eles não tiveram sobreviventes, ninguém que imitasse sua devoção a Deus, ninguém que preservasse o rol dos eleitos.

Em vão o decreto estabelecera a ordem divina, o chamado divino. *Peça-me.* Do clamor fervoroso e eficaz a Deus, eles se voltaram para deuses pagãos e clamaram em vão pelas respostas que nunca viriam. E desse modo caíram no estado ímpio e deplorável de quem perdeu seus objetivos de vida ao romper o elo com o Eterno. Aquela dispensação favorecida da oração fora esquecida; eles já não sabiam orar.

Que contraste com os feitos que iluminaram outras páginas das santas Escrituras! O poder que atuava em Elias e Eliseu em resposta à oração chegava até o túmulo. Em cada um dos casos, uma criança foi levantada dos mortos, e os poderes da fome foram desfeitos. "[...] A oração de um justo é poderosa e eficaz" (Tiago 5.16). Elias era um homem com as mesmas paixões que nós. Ele orou fervorosamente para que não chovesse, e não choveu na terra por três anos e seis meses. E ele orou outra vez, e os céus enviaram chuva, e a terra produziu seus frutos. Jonas orou quando estava preso no ventre do grande peixe e chegou a terra seca, a salvo da tempestade, do mar e dos monstros das profundezas pela energia poderosa de sua oração.

Que enorme provisão da graça da oração como administrada naquela maravilhosa dispensação! Eles oravam de forma magnífica. Por que a oração deles não pôde salvar da decadência e da morte a dispensação? Será que não foi porque eles perderam o fogo sem o qual qualquer oração se degenera em um modelo sem vida? É preciso esforço, trabalho e cuidado para preparar o incenso. A oração não é um trabalho de preguiçoso. Quando todas as ricas graças do conteúdo da oração tiverem sido misturadas e refinadas pelo trabalho e esforço, será necessário o fogo para liberar o incenso e fazer que sua fragrância suba ao trono de Deus. O fogo que consome gera o espírito e a vida do incenso. Sem fogo, a oração não tem espírito; ela serve, assim como as ervas mortas, para a corrupção e para os vermes.

A oração casual, intermitente, nunca é banhada neste fogo divino. Pois ao homem que ora dessa forma lhe falta o fervor que se agarra a Deus, determinado a não deixá-lo ir até que a bênção venha. "Orem continuamente" (1Tessalonicenses 5.17), aconselhou o grande apóstolo. É esse hábito de oração que faz dela a argamassa que une as pedras da construção. "Você pode fazer mais do que orar depois de ter orado", disse o piedoso doutor A. J. Gordon, "mas você não pode fazer mais do que orar até que tenha orado". A história de cada grande feito cristão é a história de uma oração respondida.

"O maior e melhor talento que Deus deu a cada homem e mulher neste mundo é o talento da oração", escreveu o pregador Alexander Whyte. "E a melhor usura que qualquer homem ou mulher pode entregar de volta a Deus quando ele voltar para receber o que é dele no final deste mundo é uma vida de oração." E aqueles servos que melhor investirem o dinheiro do Senhor como "os acionistas" que levantam cedo e deitam tarde enquanto estão neste mundo, sempre descobrindo e buscando métodos de oração cada vez melhores e construindo hábitos mais secretos, mais constantes e mais espirituais de oração, até que literalmente "oram constantemente" e até que continuamente estejam iniciando novas aventuras de oração, novas realizações e formas de crescimento.

Quando perguntaram a Martinho Lutero quais eram seus planos para o dia seguinte, ele respondeu: "Trabalhar, trabalhar, desde cedo até tarde. Aliás, tenho tanto para fazer que devo passar as primeiras três horas em oração". Cromwell também acreditava que era preciso passar muito tempo ajoelhado. Certa ocasião, ao ver as estátuas de homens famosos, voltou-se para um amigo e disse: "Passar horas ajoelhado — foi assim que cheguei à glória".

É somente quando todo o coração está consumido pela paixão da oração que o fogo que gera vida desce, pois ninguém, a não ser o homem dedicado à oração, tem acesso ao ouvido de Deus.

# CAPÍTULO 3

Quando você se sentir muito indisposto a orar, não se renda ao sentimento, mas lute e empenhe-se em orar mesmo quando pensar que não pode fazê-lo.
— HILDERSAM

Era costume entre os partos não dar carne às crianças pela manhã até que vissem o suor em suas faces, e você descobrirá que esse é, em geral, o modo de agir de Deus de não deixar que seus filhos saboreiem suas delícias até que comecem a suar, buscando-as.
— RICHARD BAXTER

Dentre todos os benefícios desfrutados pela cristandade, nenhum é mais essencial e mesmo assim mais negligenciado do que a oração. A maioria das pessoas considera-a uma formalidade cansativa e por isso justifica-se abreviá-la o máximo possível. Mesmo aqueles cuja profissão ou medos os levam a orar, oram com tal abatimento e com mente tão dispersa que suas orações, em vez de trazerem bênçãos do alto, apenas aumentam sua condenação.
— FÉNELON

ORAR MAIS E MELHOR é o segredo da questão. Mais tempo para oração, mais satisfação e preparação para se encontrar com Deus, para ter comunhão com Deus por meio de Cristo, é aí que está a dificuldade. Nossa maneira errada de orar reflete-se em nós. A atitude e

*Capítulo 3* 23

o relacionamento entre Deus e o Filho são o relacionamento eterno de Pai e Filho, de pedir e receber —
o Filho sempre pedindo, o Pai sempre dando:

> *"Pede-me, e te darei as nações como herança*
> e os confins da terra como tua propriedade.
> Tu as quebrarás com vara de ferro
> e as despedaçarás como a um vaso de barro"
> (Salmos 2.8,9, grifo nosso).

Jesus deve estar sempre orando por meio de seu
povo. "[...] Que se ore por ele continuamente [...]"
(Salmos 72.15)." '[...] pois a minha casa será chamada casa de oração para todos os povos' " (Isaías
56.7). Devemos nos preparar para orar; para sermos
como Cristo, orarmos como Cristo.

O acesso do homem a Deus em oração lhe dá
acesso a todas as coisas e faz de sua pobreza sua riqueza. Todas as coisas lhe pertencem por meio da
oração. A riqueza e a glória — tudo pertence a Cristo.
À medida que a luz se torna mais brilhante e os profetas assumem a natureza da restauração, o registro
divino parece ser alargado:

> "Assim diz o SENHOR, o Santo de Israel, o seu
> Criador: A respeito de coisas vindouras, você me
> pergunta sobre meus filhos, ou me dá ordens sobre

o trabalho de minhas mãos? Fui eu que fiz a terra e nela criei a humanidade. Minhas próprias mãos estenderam os céus; eu dispus o seu exército de estrelas" (Isaías 45.11,12).

Ao homem é dado controle, com toda a autoridade e poder vindos de Deus, sobre as manifestações do reino terreno de Deus. O céu, com tudo o que possui, está sob tributo de realizar os propósitos finais, supremos e gloriosos de Deus. Por que então leva tanto tempo para que se completem essas sábias bênçãos para o homem? Por que o pecado reina por tanto tempo? Por que as promessas da aliança tardam em chegar ao fim da graça? O pecado reina, Satanás reina, a dor marca a vida de tantos; as lágrimas são muitas e constantes.

Por que tem que ser assim? Não oramos para que o mal chegue ao fim; não oramos como devemos orar. Não cumprimos os requisitos da oração.

*Peça-me.* Peça a Deus. Não descansamos na oração. Não fazemos da oração o único requisito. A principal condição da oração foi violada. Nós não oramos corretamente. Nós nem sequer oramos. Deus está pronto para dar, mas somos tardios em pedir. O Filho, por meio dos santos, está sempre orando, e Deus o Pai está sempre respondendo.

*Peça-me.* O convite transmite a certeza da resposta; o grito de vitória está ali e pode ser escutado

*Capítulo 3*      25

pelo ouvido atento. O Pai tem a autoridade e o poder nas mãos. Como é simples a condição, e, mesmo assim, como demoramos para preenchê-la! Nações estão aprisionadas; os confins da terra ainda não foram conquistados. A terra geme; o mundo ainda está cativo; Satanás e o mal ainda têm muita influência.

O Pai se coloca na posição de Doador — *Peça-me* —, e essa petição a Deus Pai capacita todas as atuações, inspira todos os movimentos. O evangelho é divinamente inspirado. Por trás de toda a sua inspiração está a oração. *Peça-me* está por trás de todos os movimentos. Como dádiva do Cristo entronizado está a aliança inquebrável do Pai: " '*Pede-me,* e te darei as nações como herança e os confins da terra como tua propriedade' " (Salmos 2.8, grifo nosso). "[...] Que se ore por ele continuamente [...]" (Salmos 72.15).

As orações dos homens santos sempre sobem a Deus tão fragrantes quanto o mais rico dos incensos. E de muitas formas Deus fala conosco, declarando sua riqueza e nossa pobreza. "Eu sou o Criador de todas as coisas; a riqueza e a glória são minhas. *Peça, e eu te darei.*"

Podemos fazer todas as coisas com a ajuda de Deus, e podemos ter acesso a toda essa ajuda pedindo. O sucesso e o poder do evangelho dependem da nossa capacidade de orar. As dispensações de Deus dependem da capacidade do homem de orar.

Podemos ter tudo o que Deus tem. *Peça, e eu te darei.* Isso não é invenção da imaginação, não é um sonho, nem vaidade. A vida da igreja é a vida mais elevada. Sua função é orar. Sua vida de oração é a vida mais elevada, a mais fragrante, a mais evidente.

O livro de Apocalipse não fala sobre a oração como uma grande disciplina espiritual, uma função sagrada, mas fala muito sobre a oração no sentido da força e da energia que é capaz de reunir. É a força da oração sempre viva e praticada; é a união da oração de todos os santos como uma energia viva e poderosa, enquanto os lábios que pronunciaram as palavras estão selados e silenciados pela morte, enquanto a igreja viva tem uma energia de fé para herdar a força de todas as orações passadas e torná-las imortais.

A afirmação do filósofo batista John Foster contém a mais pura filosofia e a mais simples verdade de Deus, pois Deus não tem força e não exige condições, a não ser a oração:

> Mais e melhores orações trarão triunfo certo e rápido à causa de Deus; a oração débil, formal e indiferente trará decadência e morte. A igreja tem sua âncora no quarto de oração; sua fonte de informação está lá.

Foster continua:

*Capítulo 3* 27

Estou convencido de que todo homem que em meio a seus projetos importantes é apreciado por sua dependência de Deus tão completamente como tal dependência é fato, será impelido a orar e ansiará por incentivar seus amigos a orar quase todas as horas. Sem isso, ele não prometerá sucesso algum, assim como um marinheiro não esperaria alcançar um porto distante tendo suas velas estendidas sem vento.

Eu anunciei a meus medos que é utópico esperar sucesso incomum na administração humana da religião, a não ser que haja presságios incomuns: um espírito enfático de oração seria tal presságio; e o indivíduo que se determinasse a experimentar sua máxima eficácia possível provavelmente se tornaria um agente muito mais bem-sucedido em sua pequena esfera. E se todos ou o maior número de discípulos do cristianismo tomassem a resolução fervorosa e inalterável de cada um concordar que o céu não reteria uma única influência, que o maior esforço da súplica perseverante e conspiradora seria obtido, este seria um sinal de que uma revolução no mundo estaria próxima.

Edward Payson, um homem de Deus, comentou a respeito dessa afirmação de Foster:

Poucos missionários desde os apóstolos provavelmente testaram o experimento. Aquele que fizer a primeira tentativa, creio eu, realizará maravilhas. Nada que eu pudesse escrever, nada que um anjo pudesse escrever, seria necessário àquele que fizesse essa tentativa.

Um dos principais resultados da pequena experiência que tive como ministro cristão é uma convicção de que a religião consiste muito em dar a Deus o lugar na nossa visão e sentimentos que ele de fato ocupa no Universo. Sabemos que no Universo ele é tudo em todos. Na medida em que ele for constantemente tudo em nós, na medida em que partilharmos com o salmista da entrega da alma, "Descanse somente em Deus, ó minha alma", nessa medida, entendo eu, avançamos em direção à perfeição. É comparativamente fácil descansar em Deus; mas descansar *somente* em Deus, sentir, no que diz respeito à nossa força, felicidade e utilidade, como se todas as criaturas e segundas intenções estivessem aniquiladas e nós estivéssemos sozinhos no Universo com Deus, é, suspeito eu, um feito raro e difícil. Pelo menos, estou certo de que é algo de que estou longe de ter alcançado. Na proporção dessa conquista é que tudo passará a ser fácil, pois nos tornaremos enfaticamente homens de oração, e podemos dizer a respeito da oração o que

*Capítulo 3* 29

Salomão diz sobre o dinheiro, que ela responde a todas as coisas.

Esse mesmo John Foster disse ao se aproximar da morte:

> Nunca orei com mais fervor nem provavelmente com uma frequência tão fiel. "Orem continuamente" tem sido a frase que se repete no pensamento silencioso, e estou certo de que deve ser minha prática até a última hora de vida consciente. Oh, por que não ao longo daquele meio século passado indolente e sem vida?

Entretanto, essa é a forma pela qual todos nós agimos em relação à oração. Ainda que estejamos conscientes de sua importância, importância vital, permitimos que as horas passem, e nos resta somente lamentar na morte a perda irremediável.

Quando refletimos calmamente sobre o fato de que o progresso do Reino do nosso Senhor depende da oração, é triste pensar que gastamos tão pouco tempo nesse exercício santo. Tudo depende da oração, e mesmo assim a negligenciamos, não apenas causando-nos dano espiritual, mas também atrasando e prejudicando a causa do Senhor na terra. As forças do bem e do mal estão lutando pelo mundo.

Se quiséssemos, poderíamos somar ao poder de conquista do exército da justiça, mesmo que nossos lábios estejam fechados, nossas mãos pendam ao lado do corpo e arrisquemos a própria causa na qual professamos estar profundamente interessados ao nos mantermos distantes do quarto de oração.

A oração é a condição eterna, principal, pela qual o Pai se empenhou em pôr o mundo sob o domínio do Filho. Cristo ora por meio de seu povo. Se houvesse oração contínua, universal e importuna pelo povo de Deus, há muito tempo esta terra já estaria sob o domínio de Cristo. Os obstáculos constantes não devem ser responsabilizados pela demora, mas a falha em pedir corretamente. O que menos fazemos é orar. Por mais pobre que sejam nossas doações, nossas contribuições em dinheiro excedem nossas ofertas de oração. Talvez, em média na congregação, cinquenta ajudem pagando, ao passo que apenas uma alma entregue e devota se encerre diante de Deus e lute pela libertação do mundo pagão. Orações oficiais em ocasiões formais não contam para nada nessa estimativa. Enfatizamos mais outras coisas do que enfatizamos a necessidade de oração.

Fazemos nossas orações de forma ordenada, mas o mundo não se encontra ao alcance da nossa fé. Não estamos orando de um modo que faça mover Deus e que suas influências divinas venham ao nosso auxílio.

*Capítulo 3* 31

O mundo precisa de mais orações verdadeiras para ser salvo do reino e da ruína de Satanás.

Nós não oramos como Elias orou. John Foster apresenta de forma prática a questão: "Quando a igreja de Deus", diz ele, "despertar para suas obrigações, deveres e fé correta para reivindicar o que Cristo prometeu — 'todas as coisas' —, acontecerá uma revolução".

Contudo, nem toda oração é oração. A força impulsionadora, o poder conquistador na causa de Deus, é o próprio Deus. " 'Clame a mim e eu responderei e direi a você coisas grandiosas e insondáveis que você não conhece' " (Jeremias 33.3) —este é o desafio de Deus para a oração. A oração leva Deus a agir com todo o poder em sua obra. "Pergunte-me sobre as coisas vindouras, sobre meus filhos, e me dê ordens sobre o trabalho das minhas mãos" (Isaías 45.11, tradução livre) — é a carta branca de Deus para a oração. A fé só é onipotente quando está de joelhos e quando suas mãos estendidas se agarram a Deus. Então ela atinge a capacidade máxima de Deus; pois somente uma fé que ora consegue alcançar o "tudo" de Deus. Lições maravilhosas sobre o que a oração intrépida pode fazer em situações desafiadoras, na troca da derrota pela vitória e no triunfo sobre o desespero, são as histórias da mulher cananeia, da viúva importuna e do amigo persistente à meia-noite. A unidade com Cristo, ou seja, o auge da realização espiritual, é ser gloriosa em todas as coisas; tão gloriosa que podemos então pedir e nos será dado (cf. Mateus 7.7). A oração em nome de Jesus coroa Deus, porque ela o glorifica por meio do Filho e garante que o Filho dará aos homens "tudo" o que eles pedirem.

No Novo Testamento a maravilhosa oração do Antigo Testamento é posta em destaque para que nos provoque e estimule à oração, além de ser precedida por uma declaração cuja energia dinâmica mal podemos traduzir.

> [...] A oração de um justo é poderosa e eficaz. Elias era humano como nós. Ele orou fervorosamente para que não chovesse, e não choveu sobre a terra durante três anos e meio. Orou outra vez, e os céus enviaram chuva, e a terra produziu os seus frutos (Tiago 5.16-18).

Nossa escassez de resultados, a causa de toda pobreza, é solucionada pelo apóstolo Tiago: "[...] Não têm, porque não pedem. Quando pedem, não recebem, pois pedem por motivos errados, para gastar em seus prazeres" (Tiago 4.2,3).

Este é o resumo da verdade!

# CAPÍTULO 4

O poder da oração subjugou a força do fogo; reprimiu a fúria do leão, trouxe descanso à anarquia, extinguiu guerras, apaziguou os elementos da natureza, expulsou demônios, rompeu as cadeias da morte, abriu os portões do céu, curou enfermidades, repeliu fraudes, resgatou cidades da destruição, parou o curso do sol e deteve o avanço da tempestade. A oração é uma armadura eficiente, um tesouro que nunca diminui, uma mina que nunca se exaure, um céu que não fica coberto por nuvens, um céu sem tempestade. É a raiz, a fonte, a mãe de milhares de bênçãos.

— Crisóstomo

As orações de homens santos apaziguam a ira de Deus, afastam tentações, resistem ao Diabo e o vencem, obtêm o ministério e serviço de anjos, rescindem os decretos de Deus. A oração cura a enfermidade e obtém perdão; detém o curso do Sol e para as rodas da carruagem da Lua; governa sobre todos os deuses e abre e fecha as comportas da chuva, destrava o útero e apaga a violência do fogo; fecha a boca de leões e tranquiliza nosso sofrimento e cansaço causados pela violência da tormenta e da perseguição; agrada a Deus e supre todas as nossas necessidades.

— Jeremy Taylor

Mais coisas se conquistam pela oração do que este mundo pode imaginar.
Portanto, deixe que sua voz se eleve como uma fonte a correr dia e noite.

Pois no que são os homens melhores do que cabras
  e ovelhas,
que nutrem uma vida cega em seu cérebro,
Se, conhecendo a Deus, não erguem as mãos em
  oração
Tanto por eles mesmos como por aqueles a quem
  chamam amigos?
Pois a terra está em todas as suas linhas e diâmetros,
presa por cadeias de ouro aos pés de Deus.
—TENNYSON

Oração perfeita é apenas mais um nome para amor.
— FÉNELON

DIZ-SE A RESPEITO DE C. H. Spurgeon que ele passava do riso à oração com a naturalidade de alguém que vivia ao mesmo tempo em ambos os estados. Para ele, o hábito da oração era livre e desembaraçado. Sua vida não estava dividida em compartimentos, um separado do outro com a rígida exclusividade que barra toda intercomunicação. Ele vivia em constante comunhão com seu Pai do céu. Estava sempre em contato com Deus; portanto, para ele, orar era tão natural quanto respirar.

"Que momento agradável que tivemos; vamos agradecer a Deus por isso", disse ele a um amigo, certa ocasião, quando, sob o céu azul e envolvido pelo brilho do sol, eles haviam desfrutado um feriado com o entusiasmo desimpedido, próprio de meninos em idade escolar. A oração surgiu de forma tão espontânea em seus lábios como uma fala qualquer, e nunca havia o menor contrassenso em sua aproximação ao trono divino de onde quer que ele estivesse.

Essa é a atitude em relação à oração que deveria marcar todo filho de Deus. Há e deve haver períodos determinados de comunicação com Deus, quando tudo o mais é deixado de lado e entramos em sua presença para falar com ele e deixar que ele nos fale; a partir desses momentos, surge aquele belo hábito de oração que tece um vínculo dourado entre a terra e o céu. Sem esses momentos determinados, não se forma o hábito da oração; sem eles, não há sustento para a vida espiritual. É por intermédio desses momentos que a alma é elevada a uma nova atmosfera — a atmosfera da cidade celestial na qual é fácil abrir o coração para Deus e falar com ele como um amigo fala a seu amigo.

Assim, em todas as circunstâncias da vida, a oração passa a ser o mais natural derramar da alma, o voltar-se para Deus desimpedidamente em busca de comunhão e direção. Quer em tristeza ou alegria, quer derrota ou vitória, quer saúde ou na fraqueza, quer calamidade ou no sucesso, o coração salta para encontrar-se com Deus assim como uma criança corre para os braços da mãe, certa de que com ela encontrará a compaixão que supre todas as necessidades.

O doutor Adam Clarke, em sua autobiografia, registra que, quando o senhor Wesley estava retornando à Inglaterra de navio, houve um atraso considerável por causa de ventos contrários. Wesley estava lendo quando se deu conta de que havia alguma confusão a bordo. Ao perguntar qual era o problema, foi informado de que o vento era contrário. "Então, vamos orar", foi sua resposta.

Depois que o senhor Clarke orou, Wesley rompeu em fervorosa súplica que mais parecia uma oferta de fé do que apenas um desejo. "Deus todo-poderoso e eterno", orou ele, "tu tens controle sobre todos os lugares, e todas as coisas servem ao propósito da tua vontade. Tu seguras o vento nas tuas mãos e te sentas sobre a corrente das águas; reinas como Rei para sempre. Ordena a estes ventos e a estas ondas que obedeçam a ti e leva-nos com rapidez e segurança ao porto para onde vamos".

O poder dessa petição foi sentido por todos. Wesley ergueu-se, não fez nenhum comentário, mas pegou seu livro e continuou a ler. O doutor Clarke foi ao convés e, para sua surpresa, encontrou a embarcação navegando no curso devido. E não saiu do curso até estar ancorada em segurança. Wesley não fez nenhum comentário sobre a repentina e favorável mudança no vento; na realidade, ele *esperava ser ouvido* a tal ponto que tomou como certo que *fora ouvido*.

*Capítulo 4*  37

Essa foi uma oração com propósito — a declaração direta e definida de alguém que se sabia ouvido por Deus e a quem Deus estava inclinado e tinha o poder para conceder a petição que lhe fora feita.

O major D. W. Whittle, em uma introdução sobre as maravilhas da oração, disse a respeito de George Müller, de Bristol:

> Encontrei o senhor Müller no serviço postal, na manhã em que zarparíamos de Quebec para Liverpool. Cerca de meia hora antes de os passageiros entrarem no navio, ele perguntou ao comissário se havia chegado uma espreguiçadeira para ele de Nova York. A resposta foi "não", e acrescentaram que provavelmente não chegaria a tempo para embarcar no navio a vapor. Eu tinha comigo uma cadeira que acabara de comprar em um lugar próximo e falei ao senhor Müller, sugerindo, já que havia poucos minutos, que seria melhor comprar outra imediatamente. A resposta dele foi: "Não, meu irmão. Nosso Pai celestial mandará a cadeira de Nova York. Era uma cadeira usada pela senhora Müller. Escrevi há dez dias a um irmão que prometeu despachá-la para cá na semana passada. Ele não foi tão rápido como eu desejaria, mas tenho certeza de que nosso Pai celestial enviará a cadeira.

A senhora Müller fica muito indisposta no mar e gosta especialmente dessa cadeira; quando não a encontrei aqui ontem, fizemos uma oração especial para que o Pai celestial se agradasse de providenciá-la para nós e vamos confiar que ele o fará". Quando esse amado homem de Deus subiu a bordo calmamente, correndo o risco de que a senhora Müller fizesse a viagem sem uma cadeira que por alguns dólares ela poderia ter tido, confesso que temi que o senhor Müller estivesse levando seus princípios de oração longe demais e não estivesse agindo com sabedoria. Permaneci no escritório do serviço postal dez minutos mais depois que o senhor Müller partira. Exatamente quando eu seguia apressado em direção ao cais, uma equipe virou a rua, e no alto de uma carga recém-chegada de Nova York estava a *cadeira da senhora Müller*. Ela foi enviada imediatamente ao barco e entregue nas *minhas mãos* para que a levasse ao senhor Müller, exatamente quando o barco estava deixando o cais (e Deus me dando uma lição). O senhor Müller pegou-a com a expressão alegre e satisfeita de uma criança que acabava de receber uma gentileza muito apreciada e, tirando o chapéu reverentemente e unindo as mãos, agradeceu ao Pai celestial por enviar a cadeira.

Um dos correspondentes de Melâncton escreveu a respeito das orações de Lutero:

Não me canso de admirar a extraordinária, alegre e constante fé e esperança do homem nestes tempos de desafios e opressão. Ele constantemente alimenta esses sentimentos por meio do estudo diligente da Palavra de Deus. *Não se passa um dia em que ele não ocupe com oração pelo menos três de suas melhores horas.* Certa vez, aconteceu de eu ouvi-lo orar. Gracioso Deus! Que espírito e que fé há em suas declarações! Ele roga a Deus com tanta reverência como se estivesse na presença divina e mesmo assim com esperança e confiança tão firme como se dirigisse a um pai ou amigo. "Eu sei", disse ele, "tu és nosso Pai e nosso Deus; portanto, estou certo de que aqueles que perseguem teus filhos serão reduzidos a nada. Pois se falhasses em fazer desta tua própria causa, estando ligada à nossa, estaríamos em perigo. Tudo isso diz respeito a ti. Nós, por tua providência, fomos compelidos a tomar parte. Portanto, tu serás nossa defesa". Enquanto ouvia Lutero orando dessa forma, a uma certa distância, minha alma parecia estar em chamas, ouvir o homem dirigir-se a Deus como a um amigo e, ao mesmo tempo, com tanta gravidade e reverência; e também ouvi-lo, no curso da oração, insistindo na promessa que está em Salmos, como se estivesse certo de que sua oração seria atendida.

Um oficial do Exército fez o seguinte relato a respeito de William Bramwell, um notável pregador metodista da Inglaterra, admirável por seu zelo e oração.

Em julho de 1811, nosso regimento foi direcionado para a Espanha, na época local de uma guerra sanguinária e prolongada. Minha mente inquietou-se dolorosamente só em deixar minha querida esposa e nossas quatro crianças indefesas em um país estrangeiro, desprotegidas e sem provisões. O senhor Bramwell interessou-se muito por nossa situação, e seu espírito compassivo parece ter notado os sentimentos agonizantes da minha jovem esposa. Ele suplicou ao trono de graça dia e noite em nosso favor. Minha esposa e eu passamos a noite que antecedia minha marcha na casa de um amigo, em companhia do senhor Bramwell, que estava bastante pensativo e parecia estar em constante luta espiritual. Depois do jantar, ele repentinamente puxou a mão do peito, colocou-a no meu joelho e disse: "Irmão Riley, lembre-se do que vou dizer! Você não irá para a Espanha. Lembre-se do que digo, você não vai; pois tenho lutado com Deus em seu favor e, quando meu Pai celestial

*Capítulo 4* **41**

condescende com misericórdia em me abençoar com poder para agarrar-me a ele, eu não o deixo ir com facilidade; não, não até ter sido favorecido com uma resposta. Portanto, você pode estar certo de que a próxima vez que eu tiver notícias suas, você estará instalado". Tudo aconteceu exatamente como ele dissera. No dia seguinte, a ordem de ir para a Espanha havia sido revogada.

Esses homens oraram com um propósito. Para eles, Deus não estava distante, em alguma região inacessível, mas bem próximo, sempre pronto para ouvir o clamor de seus filhos. Não havia barreira entre eles. Eles tinham uma intimidade perfeita, se é que alguém pode empregar tal termo em relação ao homem e o Criador.

Nenhuma nuvem obscurecia a face do Pai a seu filho confiante, que podia olhar para o alto, para o semblante divino e derramar-lhe os anseios do coração. Esse é o tipo de oração que Deus nunca deixa de ouvir. Ele sabe que ela vem de um coração unido ao dele; de alguém que está inteiramente entregue ao plano celestial; por isso, inclina os ouvidos e concede ao filho que implora a certeza de que sua petição foi ouvida e respondida.

Não tivemos todos nós tal experiência quando com propósito firme e constante buscamos a face do nosso Pai? Em agonia de alma, buscamos refúgio da opressão do mundo na antessala do céu; as ondas do desespero pareciam ameaçar destruição e, como não havia escape aparente em lugar nenhum, caímos, como os discípulos do passado, sobre o poder do nosso Senhor, clamando para que nos salvasse, se não pereceríamos. Então, em um piscar de olhos, acontecia. As grandes ondas se acalmavam; o vento uivante cessava com a ordem divina; a agonia da alma se transformava em paz e descanso à medida que todo o ser tomava consciência da presença divina, que trazia consigo a segurança da oração respondida e de uma doce libertação.

"Conto ao Senhor meus problemas e dificuldades e espero que me dê as respostas para eles", diz um homem de Deus. "E é maravilhoso ver como um problema que parecia obscurecido se torna claro como cristal pelo auxílio do Espírito de Deus. Penso que muitas vezes os cristãos não recebem respostas para suas orações porque não esperam o suficiente em Deus. Apenas caem de joelhos e dizem umas poucas palavras e, em seguida, levantam-se, esquecem e esperam que Deus responda. Tais orações sempre me fazem lembrar do menino que toca a campainha de um vizinho e que, logo em seguida, corre o mais rápido que pode.

Quando adquirimos o hábito da oração, entramos em uma nova atmosfera. "Você espera ir para o céu?", perguntou uma pessoa a um escocês devotado. "Por que homem? Eu moro lá", foi a resposta singular e inesperada. Essa foi a declaração incisiva de uma grande verdade, pois todo o caminho para o céu já é céu para o cristão que anda perto de Deus o suficiente para ouvir os segredos que ele tem a nos contar.

Essa atitude é belamente ilustrada em uma história de Horace Bushnell, contada pelo doutor Parkes Cadman. Bushnell estava sofrendo de uma doença incurável. Certa noite, o reverendo Joseph Twichell visitou-o e, ao sentarem-se sob o céu estrelado, Bushnell disse: "Um de nós deveria orar". Twichell pediu que Bushnell o fizesse, e este iniciou a oração; enterrando o rosto no chão, ele derramou o coração até que, disse Twichell, relembrando o incidente, "eu ficasse com medo de estender a mão no escuro, com receio de tocar em Deus".

Ter Deus tão próximo é entrar no Santo dos Santos — respirar a fragrância do ar celestial, caminhar nos deleitosos jardins do Éden. Nada, a não ser a oração, pode aproximar Deus e o homem nessa alegre comunhão. Essa foi a experiência de Samuel Rutherford, bem como é a experiência de qualquer um que passa pelo mesmo portão. Quando, certa vez, esse santo de Deus foi confinado na prisão por causa da consciência, ele desfrutou de uma rara medida de companhia divina, registrando em seu diário que Jesus entrou em sua cela e que com sua chegada "cada pedra brilhava como um rubi".

Muitos outros testemunharam dessa mesma comunhão quando a oração se tornara o hábito de vida que significava mais do que qualquer outra coisa para eles. David Livingstone viveu no domínio da oração e conheceu sua gloriosa influência. Era seu costume escrever uma oração a cada aniversário, e no anterior ao que seria seu último aniversário ele escreveu a seguinte oração: "Ó Ser divino, não o amei de forma suficientemente fervorosa, profunda e sincera. Concede, eu oro a ti, que antes que este ano acabe eu possa terminar minha tarefa". Exatamente no limiar do ano seguinte, quando seus fiéis homens, ao olharem na cabana de Llala, enquanto a chuva pingava das calhas, viram seu mestre de joelhos ao lado da cama em atitude de oração. Ele morrera ajoelhado em oração.

Stonewall Jackson era um homem de oração. Ele disse: "Estou tão acostumado que nunca levo um copo de água aos lábios sem pedir a bênção de Deus, nunca selo uma carta sem colocar uma palavra de oração sob o selo, nunca pego uma carta da agência de correios sem enviar brevemente meus pensamentos ao céu, nunca mudo de tema na minha sala de aula sem um minuto de petição pelos cadetes que saem e por aqueles que entram".

*Capítulo 4*                    45

James Gilmour, o missionário pioneiro na Mongólia, era um homem de oração. Ele tinha como hábito nunca usar mata-borrão. Sempre que chegava ao fim de qualquer página, esperava a tinta secar e passava esse tempo em oração.

Dessa forma, todos esses homens tinham o próprio ser saturado pelo divino e se tornavam o reflexo da fragrância e glória celestiais. Andando com Deus nas avenidas da oração, adquirimos alguma semelhança com ele e inconscientemente nos tornamos testemunhas aos outros de sua beleza e graça. O professor William James, em sua famosa obra, *The Varieties of Religious Experience* [Variedades da experiência religiosa], conta sobre um homem de 49 anos que disse:

> Deus é mais real para mim do que qualquer pessoa ou coisa. Sinto sua presença positivamente, e isso quanto mais vivo em íntima harmonia com suas leis como escritas em meu corpo e mente. Sinto-o no brilho do sol ou na chuva; e tudo isso misturado com uma deliciosa tranquilidade que descreve muito bem meus sentimentos. Falo com ele em oração e adoração como a um companheiro, e nossa comunhão é deleitável. Ele me responde continuamente, muitas vezes com palavras tão claras que parece que meus ouvidos devem ter

ouvido o tom, mas geralmente em fortes impressões mentais. Frequentemente se trata de um texto da Escritura, que desvenda uma nova visão dele e de seu amor por mim e de seu cuidado por minha segurança [...]. A ideia de que ele é meu e eu sou dele nunca me abandona; é uma alegria permanente. Sem ela, a vida seria um vazio, um deserto, um imenso e inacessível desperdício.

Igualmente notável é o testemunho de *sir* Thomas Browne, o amado médico que viveu em Norwich em 1605 e que escreveu um livro incrível de ampla circulação — *Religio Medici*. Conquanto a Inglaterra estivesse passando por um período de confusão nacional e agitação política, ele encontrou conforto e força na oração. Ele escreveu em um diário encontrado entre seus documentos particulares após sua morte:

Resolvi orar mais e orar sempre, orar em todos os lugares que a quietude permitisse, em casa, na estrada e na rua; e que todas as ruas e passagens dessa cidade possam testemunhar que não me esqueci de Deus. Tenho como propósito sempre que passar por alguma igreja aproveitar a ocasião para orar para que Deus possa ser adorado ali em espírito e que almas sejam salvas; orar diariamente por meus pacientes doentes e pelos pacientes de outros médicos; ao entrar em qualquer casa dizer: "Que a paz de Deus habite aqui"; depois de ouvir uma pregação, orar por bênção para a verdade de Deus e sobre o mensageiro; ao ver uma pessoa bonita, bendizer a Deus por suas criaturas, orar pela beleza da alma, para que Deus possa enriquecê-la com graça interior e que o exterior e o interior correspondam; ao ver uma pessoa deformada, orar a Deus para que conceda inteireza de alma e, por fim, conceder-lhe a beleza da ressurreição.

Que exemplo de espírito de oração! Tal atitude representa a oração sem cessar, revela o hábito da oração em sua súplica incessante, em sua comunhão ininterrupta, em sua intercessão constante. Que exemplo também do propósito na oração! De quantos de nós pode ser dito que, ao passarmos por pessoas na rua, oramos por elas, ou quando entramos em uma casa ou em uma igreja levamos os moradores ou a comunidade em oração a Deus?

A explicação da nossa negligência ou esquecimento reside no fato de que a oração para tantos de nós é simplesmente uma forma de egoísmo; significa pedir algo para nós mesmos, nada mais do que isso.

Precisamos orar para sermos libertos de tal atitude.

# CAPÍTULO 5

A oração da fé é o único poder do Universo ao qual o poderoso Jeová se rende. A oração é o remédio soberano.
— ROBERT HALL

A igreja, em seu intento de adquirir poder temporal, havia abandonado seus deveres espirituais, e seu império, que repousava em fundamentos espirituais, desmoronava com sua decadência e ameaçava desaparecer como uma visão insubstancial.
— *Historia de la Inquisición española*,
HENRY CHARLES LEA

NÓS ORAMOS COMO CRISTO orou? Nós permanecemos nele? Nossos apelos e nosso espírito transbordam de seu espírito e apelos? O amor governa o espírito — o perfeito amor?

Essas questões devem ser consideradas adequadamente em um momento como o atual. Tememos fazer mais outras coisas do que orar. Esta não é uma era de oração; é uma era de grande atividade, de grandes movimentos, mas que tem a forte tendência de enfatizar o que se vê e o material, negligenciar e desconsiderar o que não se vê e o espiritual. A oração é a maior de todas as forças porque ela honra a Deus e faz que ele aja em nosso auxílio.

Não pode haver substituto nem rival para a oração; ela se destaca como a grande força espiritual, e essa força deve ser iminente e atuante. Ela não pode ser dispensada durante uma geração, nem suspensa para promover o avanço de qualquer grande movimento — ela deve ser contínua e específica, sempre, em todo lugar e em toda situação. Não podemos conduzir atividades espirituais com base nas orações das gerações passadas. Muitas pessoas acreditam na eficácia da oração, mas não muitas delas oram. A oração é a coisa mais difícil e também a mais fácil; a mais simples e a mais sublime; a mais fraca e a mais poderosa; seus resultados repousam além das possibilidades humanas; limitam-se apenas pela onipotência de Deus.

Poucos cristãos têm mais do que uma vaga ideia do poder da oração; menos ainda têm alguma experiência desse poder. A igreja parece quase inconsciente do poder que Deus põe em suas mãos; essa *carta branca* espiritual de todos os infinitos recursos da sabedoria e do poder de Deus raramente é usada e nunca é usada na medida plena de honra a Deus. Surpreende o pouco uso e os pequenos resultados. A oração é nossa arma mais formidável, mas também é a arma em que temos menos habilidade e de cujo uso somos mais avessos. Fazemos tudo pelos ímpios, menos o que Deus quer que façamos, a única coisa que lhes faz bem, aquilo que torna eficiente as demais coisas que fazemos.

Graduar-se na escola da oração é dominar todo o curso de uma vida religiosa. O primeiro e o último estágios da vida piedosa são coroados com a oração. É um ofício para a vida. Os empecilhos à oração são os empecilhos para se ter uma vida piedosa. As condições da oração são as condições de justiça, santidade e salvação. Um preguiçoso no ofício da oração é um trapaceiro no ofício da salvação.

A oração é um ofício que deve ser aprendido. Precisamos ser aprendizes e dedicar nosso tempo a ela. Cuidado meticuloso, muita reflexão, prática e esforço são exigidos para ser um trabalhador habilidoso na oração. A prática nesse ofício, como em todos os ofícios, leva à perfeição. Somente mãos e corações esforçados fazem proficientes nesse ofício celestial.

Apesar dos benefícios e bênçãos que fluem da comunhão com Deus, devemos confessar com pesar que não oramos muito. Um número comparativamente pequeno conduz a oração nas reuniões. Menos pessoas ainda oram em família. Menos ainda têm o hábito de orar regularmente a sós. Reuniões especialmente dedicadas à oração são mais raras do que neve no verão. Em muitas igrejas, não há nem o nome nem nada semelhante a uma reunião de

*Capítulo 5* 51

oração. Nas igrejas da cidade, a reunião chamada de reunião de oração não é, na verdade, uma reunião de oração. Uma pregação ou ensino são o ponto principal. Oração é a designação nominal.

Nosso povo não é essencialmente um povo de oração. Isso é evidente pela vida que vivem.

Oração e vida de santidade são uma única coisa. Elas agem e reagem mutuamente. Nenhuma pode sobreviver sozinha. A ausência de uma é a ausência da outra. Os monges corromperam a oração, substituíram-na por superstição; ritual e rotina, por vida de santidade. Corremos o risco de substituir oração e vida de santidade por trabalho na igreja e por um círculo incessante de atividades pretensiosas. Uma vida de santidade não vive no quarto de oração, mas não pode viver sem ele. Se, por acaso, o quarto de oração fosse implantado sem uma vida de santidade, seria um quarto sem a presença de Deus nele.

Pôr os santos de todos os lugares para orar é o fardo do esforço apostólico e a chave do sucesso apostólico. Jesus Cristo esforçou-se por fazer isso nos dias de seu ministério pessoal. Ele foi movido por infinita compaixão diante dos campos maduros da terra que pereciam por falta de trabalhadores e, ao fazer uma pausa em sua própria oração, tentou despertar o sentimento adormecido de seus discípulos para o dever da oração, ao recomendar-lhes: " 'Peçam, pois, ao Senhor da colheita que envie trabalhadores para a sua colheita' " (Mateus 9.38). E ele lhes contou uma parábola com este propósito: que os *homens deveriam* orar sempre.

Antes do Pentecoste, os apóstolos conseguiram compreender apenas fragmentos da grande importância da oração. Mas a vinda e o enchimento do Espírito no Pentecoste elevou a oração à sua posição vital e de comando no evangelho de Cristo. Agora, o chamado à oração a todos os santos é o chamado mais alto e mais exigente. A piedade da cristandade se faz, refina e aperfeiçoa pela oração. O evangelho avança com passos lentos e tímidos quando os santos não oram cedo, tarde e por muito tempo.

Onde estão os líderes imitadores de Cristo que podem ensinar os santos modernos a orar e dedicar-se à oração? Nossos líderes sabem que estão criando um grupo de santos que não oram? Onde estão os líderes apostólicos que devem incentivar o povo de Deus a orar? Que eles venham à frente e façam a obra, e será a maior obra que pode ser feita. Um maior número de estruturas educacionais e o aumento exagerado da força monetária serão desastrosas maldições para a religião se isso não for santificado por mais e melhores práticas de oração do que as que estamos desenvolvendo.

*Capítulo 5* 53

Mais orações não acontecerão naturalmente. A campanha pelo vigésimo ou trigésimo século não ajudará nossa vida de oração; pelo contrário, atrapalharão se não tivermos cuidado. Nada, a não ser o esforço específico por uma liderança de oração, trará benefício. Apenas líderes de oração podem ter seguidores de oração. Apóstolos de oração produzirão santos de oração. Um púlpito de oração produzirá bancos de oração. Precisamos grandemente de pessoas que incentivem o santo ofício da oração. Somos uma geração de santos que não ora. Santos que não oram formam um grupo de santos miseráveis que não têm nem o ardor, nem a beleza, nem o poder dos santos. Quem restaurará esse ramo? Os maiores reformadores e apóstolos serão aqueles que levarem a igreja a orar.

No passado, homens santos mudaram o curso das circunstâncias, revolucionaram o caráter e o país pela oração. E tais feitos ainda estão ao nosso alcance. O poder está apenas esperando para ser usado. A oração é, acima de tudo, a expressão da fé.

Não tenho tempo para falar das coisas poderosas alcançadas pela oração, pois por ela os santos:

> [...] conquistaram reinos, praticaram a justiça, alcançaram o cumprimento de promessas, fecharam a boca de leões, apagaram o poder do fogo e

escaparam do fio da espada; da fraqueza tiraram força, tornaram-se poderosos na batalha e puseram em fuga exércitos estrangeiros. Houve mulheres que, pela ressurreição, tiveram de volta os seus mortos [...] (Hebreus 11.33-35).

A oração honra a Deus e desonra o eu. É a prece de fraqueza, ignorância e necessidade do homem. Uma prece que o céu não pode desconsiderar. Deus se agrada da nossa oração.

A oração não é a inimiga do trabalho; ela não paralisa a atividade. Ela age poderosamente; a própria oração é a maior ação a ser feita. Ela gera atividade, estimula o desejo e o esforço. A oração não é um ópio, mas um tônico; ela não é a canção de ninar para dormir, mas traz renovo para a atividade. O homem preguiçoso não ora, não orará e não pode orar porque a oração demanda energia. Paulo chama-a de esforço, agonia. Para Jacó foi uma luta; para a mulher cananeia foi uma batalha que exigiu as melhores qualidades da alma e demandou grande força.

O quarto de oração não é um refúgio para o cristão indolente e inútil. Não é um berçário no qual só há lugar para bebês. É o campo de batalha da igreja, é uma fortaleza, o cenário de conflitos heroicos e sobrenaturais. O quarto de oração é a base de suprimentos para os cristãos e a igreja. Se for cortado, não sobrará nada, a não ser retirada e desastre. A energia para o trabalho, o domínio sobre o ego, a libertação do medo, todos os resultados e graças espirituais avançam muito pela oração. A diferença entre a força, a experiência e a santidade dos cristãos encontra-se no contraste de suas orações.

Orações fracas, curtas e escassas sempre sinalizam uma fraca condição espiritual. Os homens deveriam orar muito e aplicarem-se a ela com energia e perseverança. Cristãos eminentes foram eminentes na oração. As coisas profundas de Deus não são aprendidas em outro lugar. Grandes obras para Deus são feitas por grandes orações. Aquele que ora muito, estuda muito, ama muito, trabalha muito, faz muito por Deus e pela humanidade. O cumprimento do evangelho, o vigor da fé, a maturidade e a excelência das graças espirituais esperam pela oração.

# CAPÍTULO 6

"Nada é impossível para a pessoa esforçada", disse um dos sete sábios da Grécia. Vamos mudar a palavra *esforçada* para *perseverante na oração*, e o provérbio seria mais cristão e mais merecedor de aceitação universal. Estou persuadido de que somos mais deficientes no espírito de oração do que em qualquer outra graça. Deus ama tanto as orações persistentes que não receberemos muitas bênçãos sem elas. E o motivo por que ele ama tais orações é que ele nos ama e sabe que é uma preparação necessária para recebermos as mais ricas bênçãos que ele anseia por conceder.
Nunca orei sincera e fervorosamente por nada, mas um dia aconteceu — não importa quão distante o dia, de algum modo, de alguma forma, provavelmente a última coisa que eu teria planejado aconteceu.

— Adoniram Judson

Percebo que é bom perseverar nas tentativas de orar. Se não consigo orar com perseverança ou prosseguir longamente em minha oração ao Ser divino, descobri que, quanto mais me dedico à oração secreta, mais me deleito em fazê-lo e desfruto mais do espírito de oração; e frequentemente percebo o contrário, quando, por viagem ou outro motivo, fico privado da reclusão.

— David Brainerd

Cristo apresenta a importunação como característica diferenciadora da verdadeira oração. Não devemos apenas orar, mas orar com grande urgência, intensidade e repetição. Não devemos apenas orar, mas orar repetidamente. Não devemos nos cansar de orar. Devemos ser exaustivos no fervor, profundamente interessados nas coisas pelas quais pedimos, pois Jesus Cristo deixou muito claro que o segredo da oração e seu sucesso está em sua urgência. Devemos apresentar com insistência nossas orações diante de Deus.

Em uma parábola de primorosa qualidade e simplicidade, nosso Senhor ensinou não apenas que os homens devem orar, mas que os homens devem orar de todo o coração e insistir sobre a questão com vigorosa energia e bravura de coração.

Então Jesus contou aos seus discípulos uma parábola, para mostrar-lhes que eles deviam orar sempre e nunca desanimar. Ele disse: "Em certa cidade havia um juiz que não temia a Deus nem se importava com os homens. E havia naquela cidade uma viúva que se dirigia continuamente a ele, suplicando-lhe: 'Faze-me justiça contra o meu adversário'. Por algum tempo ele se recusou. Mas finalmente disse a si mesmo: 'Embora eu não tema a Deus e nem me importe com os homens, esta viúva está me aborrecendo; vou fazer-lhe justiça para que ela não venha mais me importunar' ". E o Senhor continuou: "Ouçam o que diz o juiz injusto. Acaso Deus não fará justiça aos seus escolhidos, que clamam a ele dia e noite? Continuará fazendo-os esperar? Eu digo a vocês: Ele lhes fará justiça e depressa. Contudo, quando o Filho do homem vier, encontrará fé na terra?" (Lucas 18.1-8)

O caso dessa pobre mulher era desesperador, mas a importunação traz esperança das regiões do desespero e gera sucesso onde não existia sucesso nem condições para ele. Não poderia haver um caso mais forte para mostrar como a importunação infatigável e destemida alcança seus objetivos quando tudo mais falha. A introdução dessa parábola diz: "Então Jesus contou aos seus discípulos uma parábola, para mostrar-lhes que eles deviam orar sempre e nunca desanimar" (v. 1). Ele sabia que em pouco tempo os homens se tornariam pusilânimes na oração; então, para nos animar, dá esse exemplo do poder maravilhoso da importunação.

A viúva, fraca e desamparada, é a personificação do desamparo; privada de qualquer esperança e influência que poderia mover um juiz injusto, mesmo assim ela é favorecida em sua causa em razão de sua importunação incansável e desagradável. A necessidade de importunação, seu poder e sua importância tremenda na oração poderiam ser retratados com mais profundidade ou em cores mais vivas? Ela transpõe ou remove os obstáculos, sobrepuja todas as forças resistentes e alcança seu fim diante de empecilhos invencíveis. Não podemos fazer nada sem oração. Todas as coisas podem ser feitas por meio da oração importuna.

Esse é o ensino de Jesus Cristo.

Outra parábola proferida por Jesus reforça a mesma grande verdade. À meia-noite, um homem vai à casa de um amigo pedir um pedaço de pão. Seu clamor é forte e baseia-se na amizade e nas exigências embaraçosas e exigentes da necessidade, mas tudo isso falha. Ele não consegue o pão, mas permanece e insiste, espera e recebe. A simples importunação tem sucesso quando todos os outros argumentos e influências já falharam.

O caso da mulher cananeia é uma parábola em ação. Ela é barrada ao se aproximar de Cristo pela informação de que ele não receberia ninguém. Negam-lhe a presença dele e, quando está em sua presença, ela é tratada com aparente indiferença, com a frieza do silêncio e do desinteresse. Ela insiste e se aproxima, e a sua insistência e aproximação são repelidas pela declaração ríspida e esmagadora de que ele não foi enviado para sua gente ou seu povo e de que ela está fora do âmbito da missão e do poder de Jesus. Ela foi humilhada ao ser chamada de cachorro. Contudo, ela aceita tudo isso, supera tudo, conquista todos com sua humilde, destemida e invencível importunação. O Filho de Deus, satisfeito, surpreso, conquistado pela importunação invencível da mulher, diz a ela: "[...] 'Mulher, grande é a sua fé! Seja conforme você deseja' " (Mateus 15.28). Jesus Cristo se rende à importunação de uma grande fé. " 'Acaso Deus não fará justiça aos seus escolhidos, que clamam a ele dia e noite? [...]' " (Lucas 18.7).

Jesus Cristo estabelece a capacidade de importunar como um dos elementos da fé, uma das principais condições da oração. A oração da mulher cananeia é uma demonstração do poder ímpar da importunação, de um conflito mais real e que envolve mais energia vital, resistência e todos os elementos elevados do que qualquer conflito ilustrado por Isthmia ou Olímpia.

As primeiras lições sobre importunação são ensinadas no Sermão do Monte — " 'Peçam, e será dado; busquem, e encontrarão; batam, e a porta será aberta' " (Mateus 7.7). Estes são os passos para avançar — " 'Pois todo o que pede recebe; o que busca encontra; e àquele que bate, a porta será aberta' " (Mateus 7.8).

Sem continuidade, a oração poderá ficar sem resposta. A importunação consiste na capacidade de perseverar, de insistir, de esperar sem relaxar e sem largar, com desejo incansável e paciência tranquila. A oração importuna não é um incidente, mas o tema principal; não uma apresentação, mas uma paixão; não uma carência, mas uma necessidade.

A oração em sua forma mais elevada e mais bem-sucedida assume a atitude de alguém que luta com Deus. É a competição, a provação e a vitória de fé; uma vitória que não é assegurada por um inimigo, mas por aquele que prova nossa fé para que possa alargá-la, que testa nossa força para nos fazer mais fortes. Poucas coisas dão tal vigor vivificado e permanente à alma como um longo período de oração importuna. Ela cria uma experiência, uma era, um novo calendário para o espírito, uma nova vida para a religião, um treinamento militar. A Bíblia nunca se fatiga na insistência e exemplificação do fato de que o maior bem espiritual é assegurado como restituição do perfume da mais elevada forma de esforço espiritual. Não há encorajamento nem espaço na religião da Bíblia para desejos débeis, esforços indiferentes, atitudes preguiçosas; todos devem ser vigorosos, urgentes, ardentes. Desejos inflamados, insistência apaixonada, incansável, deleite celestial. Deus preferiria ter seus filhos em fervor incorrigível e ousadia persistente em seus esforços. O céu está ocupado demais para ouvir orações sem convicção ou responder a visitas rápidas.

Todo o nosso ser deve estar engajado na oração; como John Knox, devemos dizer e sentir: "Dê-me a

Escócia ou morrerei". Nossas experiências e revelações de Deus nascem do nosso custoso sacrifício, dos nossos custosos conflitos, das nossas custosas orações. A luta e toda uma noite de oração de Jacó constituem um momento que nunca seria esquecido na vida dele; foi isso que trouxe Deus em seu resgate, que mudou a atitude e a conduta de Esaú, que transformou o caráter de Jacó, que salvou e afetou sua vida e entrou nos costumes de uma nação.

Nossos períodos de oração importuna e persistente cortam como ponta de diamante os lugares mais duros e marcam nosso caráter com traços indeléveis. Eles são os períodos proeminentes da nossa vida! As pedras memoriais que permanecem e para as quais nos voltamos.

Repetindo, a importunação é uma condição da oração. Devemos insistir no assunto, não com vãs repetições, mas com repetições urgentes. Repetimos, não para contar as vezes, mas para obter a oração. Não podemos deixar de orar simplesmente porque o coração e a alma estão na oração. Oramos "com toda a perseverança". Apegamo-nos a nossas orações porque vivemos por elas. Insistimos nas nossas preces porque ou as alcançamos ou morremos. Cristo contou duas parábolas muito expressivas para enfatizar a necessidade de importunação na oração. Talvez Abraão tenha perdido Sodoma por não ter levado ao limite máximo seu privilégio de oração. Sabemos que Joás perdeu porque não persistiu firme.

A perseverança conta muito para Deus assim como para o homem. Se Elias tivesse parado logo depois da primeira petição, dificilmente os céus teriam derramado chuva por sua débil oração. Se Jacó tivesse parado de orar quando fosse hora de dormir, dificilmente ele teria sobrevivido ao encontro com Esaú no dia seguinte. Se a mulher cananeia tivesse permitido que sua fé se enfraquecesse pelo silêncio, pela humilhação, pela repulsa, ou tivesse parado de lutar na metade do caminho, sua casa abatida pela aflição nunca teria sido iluminada pela cura de sua filha.

Ore e nunca desista é o lema que Cristo nos dá para a oração. É o teste da nossa fé. E quanto mais severo for o desafio e quanto mais longa a espera, mais gloriosos serão os resultados.

Os benefícios e a necessidade da persistência são ensinados pelos santos do Antigo Testamento. Homens de oração devem ser fortes na esperança, na fé e na oração. Eles precisam saber esperar e insistir, esperar em Deus e ser fervorosos ao se aproximar dele.

Abraão nos deixou um exemplo de intercessão importuna em sua súplica apaixonada a Deus em favor de Sodoma e Gomorra, e se, como já indicado, ele não tivesse parado de pedir, talvez Deus não tivesse parado de conceder seu pedido.

"Abraão deixou de pedir antes de Deus ter deixado de conceder." Moisés ensinou o poder da insistência quando intercedeu por Israel por quarenta dias e quarenta noites com jejum e oração. E ele foi bem-sucedido em sua importunação.

Jesus, em seu ensino e exemplo, ilustrou e aperfeiçoou esse princípio do Antigo Testamento suplicando e esperando. É bastante estranho que o único Filho de Deus, que veio em uma missão diretamente do Pai, cujo único céu estava na terra, cuja única vida e lei eram fazer a vontade do Pai nessa missão — que mistério ver que ele deveria estar sob a lei da oração, que as bênçãos que recebeu estivessem impregnadas e fossem conquistadas pela oração; ainda mais estranho que a persistência na oração tenha sido o processo pelo qual ele recebeu as mais ricas provisões de Deus. Se ele não tivesse orado com importunação, não haveria transfiguração em sua história, não haveria obras poderosas para tornar divina sua carreira. Sua noite de oração era o que enchia de compaixão e poder sua obra diária. As orações importunas de sua vida coroaram sua morte com triunfo. Ele aprendeu a mais elevada lição de submissão à vontade de Deus ao praticar a oração insistente e lutar com ela antes de exemplificar essa submissão de forma tão sublime na cruz.

"Quer gostemos quer não", disse Spurgeon, *"pedir é a regra do reino"*. " 'Peçam, e será dado [...]' "

*Capítulo 6* 65

(Mateus 7.7). É uma regra que não será alterada em nenhuma situação. Nosso Senhor Jesus Cristo é o irmão mais velho da família, mas Deus não afrouxou a regra para ele. Lembre-se deste texto em que Jeová diz a seu próprio Filho: " 'Pede-me, e te darei as nações como herança e os confins da terra como tua propriedade' " (Salmos 2.8). Se o Filho de Deus, real e divino, não está isento da regra de pedir para poder receber, você e eu não podemos esperar que a regra seja afrouxada em nosso favor. Por que deveríamos? Que motivo pode ser alegado para que fôssemos isentos da oração? Que argumento poderia haver para o dever de sermos privados do privilégio e liberados da necessidade de suplicar? Não consigo ver nenhum. Você consegue? Deus abençoará Elias e enviará chuva do céu, mas primeiro Elias precisa orar. Se a nação escolhida tiver que prosperar, Samuel deve rogar por isso. Se os judeus devem ser libertos, Daniel deve interceder. Deus abençoará Paulo, e as nações se converterão por meio dele, mas Paulo deve orar. E orar, ele orou, sem cessar; suas epístolas mostram que ele não esperava nada, a não ser pedindo por isso. Se você pode ter tudo por meio da petição e não ter nada se não pedir, insisto que você perceba como a oração é vital e peço que seja abundante na oração.

Não há dúvida alguma que muitas das nossas orações falham por falta de persistência. Ela não tem o fogo e a força da perseverança. A persistência faz parte da essência da verdadeira oração. Talvez nem sempre se exija que ela entre em ação, mas deve estar lá como força de reserva. Jesus ensinou que a perseverança é o elemento essencial da oração. Os homens devem ter determinação quando se ajoelham ao pés de Deus.

Muitas vezes, desanimamos e deixamos de orar exatamente quando deveríamos começar. Desistimos no momento exato em que deveríamos nos agarrar com força. Nossas orações são fracas porque não são motivadas por uma vontade incansável e irresistível.

Deus ama quem implora com importunação e envia respostas que nunca seriam concedidas, a não ser pela persistência que se recusa a largar até que a petição almejada seja concedida.

# CAPÍTULO 7

Suspeito que tenho destinado pouco tempo para os exercícios religiosos como a devoção individual, a meditação religiosa, a leitura da Escritura etc. Consequentemente, estou pobre, frio e endurecido. Deus talvez me fizesse mais próspero nas coisas espirituais se eu fosse mais diligente no uso dos meios da graça. Eu deveria destinar mais tempo, digamos duas horas ou uma hora e meia, ao exercício religioso diário e ver se, ao fazer isso, não posso preservar uma disposição de espírito mais habitualmente devocional, um senso mais vivo das coisas que não se veem, um amor mais ardente por Deus, mais fome e sede de justiça, um coração menos propenso a ser manchado por cuidados do mundo, projetos, paixões e preocupações e um anseio real e sincero pelo céu, seus prazeres e sua pureza.

— WILLIAM WILBERFORCE

OS HOMENS DEVIAM ORAR *sempre* e nunca desanimar (cf. Lucas 18.1). Essas palavras são do nosso Senhor, que não apenas queria imprimir em seus seguidores a urgência e a importância da oração, mas que também lhes deu um exemplo que eles demoravam a imitar.

A palavra *sempre* fala por si mesma. A oração não é uma função sem sentido ou um dever a ser imposto aos ocupados, nem ao cansaço do final do dia, e não estamos obedecendo à ordem do nosso Senhor quando nos contentamos com uns poucos minutos ajoelhados na correria da manhã nem tarde da noite quando nossas faculdades, cansadas com as tarefas do dia, pedem descanso. Deus está sempre ao nosso alcance, isso é verdade; seu ouvido está sempre atento ao clamor de um filho, mas nunca poderemos conhecê-lo se usarmos a oração como usamos o telefone — para umas poucas palavras em uma conversa apressada. Intimidade exige desenvolvimento. Nunca conheceremos Deus como é nosso privilégio conhecê-lo por meio de breves, fragmentadas e irrefletidas repetições de intercessões que são pedidos por favores pessoais e nada mais. Essa não é a forma de entrarmos em comunhão com o Rei do céu. "O objetivo da oração é o ouvido de Deus", um objetivo que só pode ser alcançado quando se espera paciente, constante e incessantemente por ele, em que derramamos nosso coração perante ele e permitimos que ele fale conosco. Somente agindo assim podemos esperar conhecê-lo e, à medida que o conhecemos melhor, passaremos mais tempo em sua presença, e essa presença será um deleite constante e crescente.

*Sempre* não quer dizer que devemos negligenciar os deveres cotidianos da vida; o que significa é que a alma que entrou em íntima comunhão com Deus no silêncio do quarto de oração nunca está distante do contato com o Pai; o coração está sempre se

*Capítulo 7* **69**

dirigindo a ele em comunhão amorosa e, no momento em que a mente é liberada da tarefa em que está envolvida, ela retorna naturalmente a Deus como o passarinho retorna ao ninho. Que bela concepção de oração recebemos se a consideramos por essa perspectiva, se a vemos como uma comunhão constante, uma audiência interminável com o Rei! Então a oração perde qualquer vestígio de temor que possa ter possuído; não mais a consideramos um dever que deve ser realizado, mas, pelo contrário, um privilégio a ser desfrutado, um raro prazer que sempre está revelando alguma beleza nova.

Assim, quando abrimos os olhos pela manhã, nosso pensamento instantaneamente eleva-se em direção ao céu. Para muitos cristãos, as horas da manhã são as mais preciosas do dia, porque proporcionam oportunidade para a sagrada comunhão que concede o tom para as atividades do dia. E que melhor introdução pode haver para a incessante glória e maravilha de um novo dia do que passá-lo sozinho com Deus? Diz-se que o senhor Moody, num período em que não havia outro lugar disponível, guardava sua vigília matinal no depósito de carvão, derramando o coração diante de Deus e desfrutando em sua preciosa Bíblia de um verdadeiro e "farto banquete" (Isaías 25.6).

George Müller também combinava estudo bíblico com oração nas silenciosas horas da manhã.

Em determinada época, era sua prática, pela manhã, entregar-se à oração depois de vestir-se. Depois seu plano sofreu uma mudança. Em suas próprias palavras:

> Vi que a coisa mais importante que tinha a fazer era entregar-me à leitura da Palavra de Deus e meditar nela, para que assim meu coração fosse confortado, encorajado, advertido, reprovado, instruído; e que assim, por meio da Palavra de Deus, enquanto medito nela, meu coração possa ser levado a experimentar comunhão com o Senhor. Portanto, comecei a meditar no Novo Testamento cedo pela manhã. A primeira coisa que fazia, depois de pedir em poucas palavras a bênção do Senhor sobre sua preciosa Palavra, era começar a meditar na Palavra de Deus, procurando em todos os versículos receber a bênção que havia; não por causa do ministério público da Palavra, não para pregar sobre o que havia meditado, mas para obter alimento para minha própria alma. O resultado quase invariavelmente era que depois de poucos minutos minha alma era conduzida à confissão, ou gratidão, ou intercessão, ou à súplica; de modo que, embora não me entregasse à oração, mas à meditação, tudo se voltava quase imediatamente mais ou menos para a oração.

O estudo da Palavra e a oração andam juntos; quando um deles é verdadeiramente praticado, o outro certamente estará vinculado.

Contudo, não oramos sempre. Esse é o problema com tantos de nós. Precisamos orar muito mais e por muito mais tempo do que fazemos.

Robert Murray McCheyne, dotado e devoto — de quem se dizia: "Fosse visto como filho, irmão, amigo ou pastor, ele era a demonstração mais impecável e atraente do verdadeiro cristão que já se vira personificado em um ser vivente" —, sabia o que era passar muito tempo ajoelhado e ele nunca cansava de insistir com os outros sobre a alegria e o santo valor da intercessão. "Os filhos de Deus devem orar", dizia ele. "Eles deveriam clamar a ele dia e noite. Deus ouve cada um dos clamores nas horas agitadas do dia e nas solitárias vigílias da noite." De todas as formas, pela pregação, pela exortação, quando presente, e por cartas, quando estava ausente, McCheyne enfatizava o dever da oração, insistente e incessante oração.

Em seu diário, encontra-se esta declaração: "Pela manhã, eu estava ocupado preparando a mente, depois o coração. Esse tem sido frequentemente meu erro e sempre senti o mal que isso causa, especialmente na oração. Reforma-me, portanto, ó Senhor". Enquanto viajava para a Terra Santa, escreveu: "Muito da nossa segurança se deve às orações do meu povo. Se o véu do mecanismo do mundo fosse erguido, quanto descobriríamos que é feito em resposta às orações dos filhos de Deus!". Em uma pregação comum, disse ao pregador: "Entregue-se à oração e ao ministério da Palavra. Se você não orar, Deus provavelmente o porá de lado no ministério, como ele fez comigo, para ensiná-lo a orar". Lembre-se da máxima de Lutero, "Orar bem é estudar bem". Receba seus textos de Deus, seus pensamentos, suas palavras. Carregue os nomes do pequeno rebanho no peito semelhantemente ao sumo sacerdote. Lute pelos não convertidos. Lutero passava suas últimas três horas em oração; John Welch orava sete ou oito horas por dia. Ele costumava deixar um xale na cama para se enrolar nele quando levantasse durante a noite. Às vezes, a esposa o encontrava deitado no chão chorando. Quando ela reclamava, ele dizia: "Ó mulher, tenho três mil almas para prestar contas e não sei como muitas delas estão". Às pessoas, ele exortava e desafiava:

> Ore por seu pastor. Ore por seu corpo, para que ele tenha força e seja poupado por muitos anos. Ore por sua alma, que ele se mantenha humilde e santo, uma luz que arde e brilha. Ore por seu ministério, que seja grandemente abençoado, que ele seja ungido para pregar as boas-novas. Que não

haja oração secreta sem que ele seja mencionado diante de Deus, que não haja oração familiar sem levar seu pastor no coração de vocês a Deus.

"Há duas coisas", diz seu biógrafo, "que ele parece nunca ter perdido: cultivar a santidade pessoal e os mais ansiosos esforços para ganhar almas". As duas são os inseparáveis acompanhantes do ministério da oração. A oração fracassa quando o desejo e o esforço pessoal por santidade fracassam. Não há pessoa que ganhe almas e não seja adepta do ministério da oração. "É o dever dos ministros", declara esse santo homem, "começar a reforma da religião e dos costumes com eles mesmos, a família etc., com a confissão de pecados passados, oração fervorosa por direção, graça e propósito de coração". Ele inicia com ele mesmo sob o título "Reforma na Oração Secreta" e decide:

Não devo omitir nenhuma parte da oração — confissão, adoração, ação de graças, petição e intercessão. Há uma tendência temível de omitir a *confissão*, procedente de uma visão pequena de Deus e sua lei, visões superficiais do meu coração e do pecado da minha vida passada. Isso deve ser resistido. Há uma tendência constante de omitir a *adoração* quando esqueço com quem estou falando, quando entro de forma negligente na presença de Jeová sem considerar seu nome e caráter sublimes. Quando tenho pouca visão de sua glória e pouca admiração por suas maravilhas, tenho a tendência natural do coração de omitir as *ações de graças*, mesmo que sejam especialmente recomendadas. Com frequência, quando o coração está morto para a salvação dos outros, omito a *intercessão*, contudo ela é especialmente o espírito do grande Advogado, que tem o nome de Israel no coração. Eu deveria orar antes de ver qualquer pessoa. Frequentemente, quando durmo demais ou encontro--me com outras pessoas cedo pela manhã e depois tenho a oração familiar, o café da manhã e visitas matinais, já são 11 horas ou meio-dia quando começo minha oração individual. Isso é um sistema terrível, avesso à Escritura. Cristo levantava antes do início do dia e ia para um lugar solitário. Davi disse: "De manhã ouves, Senhor, o meu clamor; de manhã te apresento a minha oração" (Salmos 5.3). Maria Madalena foi ao sepulcro quando ainda estava escuro. A oração familiar perde muito de seu poder e doçura, e não posso fazer nada de bom por aqueles que vêm à minha procura. A consciência se sente culpada; a alma, não alimentada; a lâmpada, apagada. Sinto que é muito melhor começar com Deus, ver primeiro a face dele, aproximar minha alma dele antes que me aproxime de outra. "Quando acordo, ainda estou contigo." Se durmo demais, ou se viajo bem cedo, ou se meu tempo é curto por algum motivo, é melhor me vestir apressadamente e ter uns poucos minutos sozinho com Deus do que dar tudo por perdido. Mas, em geral, é melhor ter pelo menos uma hora sozinho com Deus antes de me envolver com qualquer outra coisa. Eu deveria passar as melhores horas do dia em comunhão com Deus. Quando acordo no meio da noite, eu deveria levantar e orar assim como David e John Welch.

McCheyne acreditava em estar *sempre* em oração, e sua vida frutífera, embora tenha sido curta, concede um exemplo do poder que há nas visitas longas e frequentes ao lugar secreto em que mantemos comunhão com nosso Senhor.

Precisam-se de homens do tipo de McCheyne hoje, homens de oração que sabem entregar-se à maior tarefa demandando de seu tempo e atenção; homens que possam entregar todo o coração à santa tarefa da intercessão, homens que possam trilhar em oração. A causa de Deus está comprometida com os homens; Deus mesmo se compromete com os homens. Homens de oração são os vice-regentes de Deus; fazem a obra dele e cumprem os planos dele.

Somos compelidos a orar se somos cidadãos do Reino de Deus. A falta de oração é expatriação, e pior, do Reino de Deus. É banimento, um crime capital, uma brecha constitucional. O cristão que relega a oração a segundo plano em sua vida em pouco tempo perde o zelo espiritual que tenha tido em algum momento; a igreja que faz pouco caso da oração não consegue manter a essência da piedade e não tem poder para anunciar o evangelho. O evangelho não vive, não luta nem conquista nada sem oração — oração incessante, urgente e fervorosa.

Pouca oração é característica de uma recaída e de uma igreja que retrocede. Sempre que há pouca oração no púlpito ou nos bancos, a falência espiritual é iminente e inevitável.

A causa de Deus não depende das eras comercial, cultural, educacional ou do dinheiro. Mas tem uma era dourada, e essa é a era da oração. Quando seus líderes são homens de oração, quando a oração é o elemento predominante da adoração, como o incenso dando contínua fragrância ao serviço que prestam, então a causa de Deus será triunfante.

Melhor oração e mais oração, é disso que precisamos. Precisamos de homens mais santos, e mais deles; de mulheres mais santas e mais delas para orar — mulheres como Ana, que, de suas dores profundas e tentações, produziu suas mais belas orações.

Por meio da oração, Ana encontrou alívio. Em todo lugar em que a igreja foi reincidente e apóstata, seus inimigos foram vitoriosos. Ana entregou-se à oração e na tristeza multiplicou a oração. Ela viu um grande avivamento nascer de sua oração. Quando toda a nação estava oprimida, nasceu o profeta e sacerdote Samuel, que estabeleceria uma nova linha de sacerdócio, e a oração de sua mãe trouxe à vida uma nova vida para Deus. Em todos os lugares a religião reviveu e floresceu. Deus, fiel à sua promessa, *Peça-me,* embora a oração tenha vindo do coração partido de uma mulher, ouviu e respondeu, enviando um novo dia de alegria santa para reavivar seu povo.

Assim, mais uma vez, enfatizaremos e repetiremos que a grande necessidade da igreja nesta e em todas as eras é de homens de fé atuante, de imaculada santidade, de marcante vigor espiritual e zelo consumidor a tal ponto que iniciarão uma revolução espiritual por meio de suas orações de poder.

Habilidade natural e privilégios educacionais não figuram como fatores nessa questão; no entanto, uma habilidade para a fé, a capacidade de orar, o poder de uma consagração completa, a habilidade de diminuir o próprio ego, a perda absoluta do ser na glória de Deus e o sempre presente e insaciável anseio e busca por toda a plenitude de Deus.

> Homens que possam pôr a igreja em chamas por
> Deus, não de forma barulhenta e exibicionista, mas
> com um calor intenso e silencioso que derrete e
> move tudo para Deus.[1]

Retornando ao ponto principal, a oração em secreto é o teste, a medida, o preservador da relação do homem com Deus. O quarto de oração, ao mesmo tempo em que é o teste de sinceridade da nossa devoção a Deus, é também a medida da devoção. O negar a si mesmo, os sacrifícios que fazemos em favor do nosso quarto de oração, a frequência das nossas visitas a esse santo lugar de encontro com o Senhor, o delongar-se, a relutância em sair são valores que apresentamos na comunhão solitária com Deus, o preço que pagamos pelas horas de comunhão amorosa e celestial com o Espírito.

O quarto de oração preserva nosso relacionamento com Deus. Ele conserta qualquer problema de conexão; tira do caminho o que nos enreda; ele nos prepara para qualquer batalha. Assim como a âncora mantém o navio mais firme e seguro, o quarto de oração agarra-se a Deus. Satanás tentará impedir-nos de estar com Deus, fechando o caminho para o quarto de oração, e assim desfazer nossa firmeza em Deus e fechar nosso caminho para o céu.

---

[1] O autor não apresenta sua fonte para esta citação. [N. do E.]

*Capítulo 7* 79

Não tenha medo de orar; orar é certo;
Ore se puder com esperança, mas ore sempre,
Embora a esperança seja fraca ou esteja doente pela
longa espera;
Ore no escuro se não houver luz;
E, se por algum desejo não ousar orar,
Então ore a Deus para lançar fora esse desejo.

# CAPÍTULO 8

Em nome de Deus, imploro que você permita que a oração nutra sua alma como as refeições nutrem o corpo. Permita que seus períodos fixos de oração o mantenham na presença de Deus ao longo do dia, e a presença dele frequentemente lembrada seja motivo sempre vivo de oração. Tal lembrança breve e amorosa de Deus renova o ser de um homem, aquieta suas paixões, supre luz e conselho na dificuldade, gradualmente subjuga o temperamento e o leva a dominar a alma com paciência, ou então se entrega ao domínio de Deus.

— Fénelon

Devotei tempo e atenção demais ao exterior e aos deveres públicos do ministério. Mas essa é uma conduta errada, pois aprendi que negligenciar a fervente comunhão com Deus em meditação e oração não é a forma correta de remir o tempo nem de me preparar para ministrações públicas.

Honestamente, atribuo minha presente apatia à falta de tempo suficiente e tranquilidade para a devoção particular. Por falta de mais leitura, isolamento e devoção particular, tenho pouco controle sobre meu temperamento. Um dia infeliz para mim por falta de mais tempo de solitude e oração. Se faço alguma coisa, se deixo de fazer alguma coisa, que eu seja perfeito na oração.

Afinal, o que quer que Deus estabeleça, a oração é a maior delas. Oh, que eu seja um homem de oração.

— Henry Martyn

*Capítulo 8* **81**

QUE OS HOMENS HAVIAM deixado de orar no tempo de Paulo, não podemos afirmar com certeza. O fato é que, na maior parte, têm deixado de orar agora. Estão ocupados demais para orar. Tempo, força e todas as habilidades são depositados como tributo ao dinheiro, aos negócios, aos assuntos deste mundo. Poucos homens entregam-se a muita oração. O grande serviço da oração, para a maioria dos homens, é uma atividade apressada, trivial, enfraquecida e pobre.

Paulo ordena que paremos e coloca um peso sobre os homens pela oração. Levar os homens a orar é a solução infalível de Paulo para os grandes males da igreja, do Estado, da política, dos negócios e do lar. Ponha os homens para orar; então a política será purificada, os negócios prosperarão, a igreja será mais santa, o lar será mais doce.

> Antes de tudo, recomendo que se façam súplicas, orações, intercessões e ações de graças por todos os homens; pelos reis e por todos os que exercem autoridade, para que tenhamos uma vida tranquila e pacífica, com toda a piedade e dignidade. Isso é bom e agradável perante Deus, nosso Salvador [...]. Quero, pois, que os homens orem em todo lugar, levantando mãos santas, sem ira e sem discussões. (1Timóteo 2.1-3,8)

Mulheres e crianças de oração são inestimáveis para Deus, mas, se a oração deles não for acrescentada de homens de oração, haverá grande perda no poder da oração — uma grande brecha e depreciação no valor da oração, grande paralisia na energia do evangelho. Jesus Cristo contou uma parábola ao povo, mostrando-lhe que os homens deveriam orar sempre e não desanimar. Homens fortes em todas as outras coisas deveriam ser fortes na oração e nunca se render ao desânimo, fraqueza ou depressão. Homens corajosos, persistentes, formidáveis em outras atividades, deveriam ser cheios de coragem, fortes e incansáveis na oração.

Os *homens* devem orar; *todos os homens* devem orar. Os homens, não as mulheres, homens em sua força e sabedoria. Há um mandamento específico e absoluto de que os homens devem orar; há uma necessidade absoluta e imperativa de que os homens orem. O primeiro dos seres, o homem, também deveria ser o primeiro na oração.

*Os homens* devem orar pelos homens. A instrução é específica e restrita. Logo em seguida, temos uma instrução específica em relação às mulheres. Sobre a oração, sua importância, amplitude e prática, a Bíblia aqui lida com os homens em contraste com as mulheres. Os homens são decididamente ordenados, seriamente responsabilizados e calorosamente exortados a orar. Talvez porque os homens sejam avessos à oração ou indiferentes a ela; pode ser que eles a considerem algo pequeno e não lhe deem o devido valor, significância ou tempo. Mas Deus deseja que todos os homens orem e, por isso, o grande apóstolo destaca o assunto e enfatiza sua importância.

A oração tem importância transcendente. A oração é o agente mais poderoso para fazer avançar a obra de Deus. Somente com um coração que ora e com as mãos é que podemos fazer a obra de Deus. A oração é bem-sucedida quando todas as outras coisas falham. A oração alcançou grandes vitórias e resgatou, com notável triunfo, santos de Deus quando qualquer outra esperança já estava perdida. Homens que sabem orar são as maiores bênçãos que Deus pode dar à terra — eles são os mais preciosos dons que a terra pode oferecer ao céu. Homens que saibam usar a arma da oração são os melhores soldados de Deus. Seus líderes mais poderosos.

Os homens de oração são líderes escolhidos por Deus. A distinção entre os líderes que Deus põe na frente para liderar e abençoar seu povo e aqueles líderes que devem suas posições de liderança a uma seleção mundana, egoísta e profana é a seguinte: os líderes de Deus são preeminentemente homens de oração. Isso os distingue como o simples e divino atestado de seu chamado, o selo de sua separação para Deus.

Quaisquer outras graças ou dons que possam ter tido, o dom e a graça da oração se eleva acima de todos os outros. Em tudo o mais que possam concordar ou divergir, no dom da oração, eles são um.

O que seria dos líderes de Deus sem oração? Se retirarmos de Moisés seu poder na oração, um dom que o tornou notável na estima pagã, a coroa será retirada de sua cabeça, o alimento e o fogo de sua fé se esvairão. Elias, sem suas orações, não teria nem registro nem lugar na missão divina, sua vida seria insípida, covarde; sua energia, sua oposição e fogo não existiriam. Sem a oração de Elias, o Jordão nunca teria se rendido ao golpe de seu manto, nem o anjo da morte o teria honrado com a carruagem e os cavalos de fogo. O argumento que Deus usou para acalmar os medos e convencer Ananias da condição e sinceridade de Paulo é o resumo de sua história, a solução de sua vida e obra — " 'Ele está orando' " (Atos 9.11).

Paulo, Lutero, Wesley — o que esses escolhidos de Deus seriam sem o diferenciador e controlador elemento da oração? Eles foram líderes por Deus porque eram poderosos na oração. Eles não foram líderes por causa de pensamentos brilhantes, ou porque tinham recursos inesgotáveis, ou por causa de sua magnífica cultura ou dons naturais, mas foram líderes porque, pelo poder da oração, eles podiam dirigir o poder de Deus. Homens de oração significam muito mais do que homens que recitam orações; muito mais do que homens que oram por hábito. Significam homens para os quais a oração é uma força poderosa, uma energia que move o céu e derrama tesouros de bênçãos incontáveis sobre a terra.

Homens de oração são a segurança da igreja contra o materialismo que está atingindo todos os seus planos e sistemas e que está endurecendo seu coração. A insinuação circula como o veneno secreto e mortal segundo o qual a igreja não é dependente puramente de forças espirituais como costumava ser — que outros tempos e outras condições a tiraram de suas características e dependência espiritual e a colocaram onde outras forças podem conduzi-la ao ápice. Uma armadilha fatal desse tipo tem atraído a igreja a abraçar o mundo, tem deslumbrado seus líderes, enfraquecido seus fundamentos e a tem privado e muito de sua beleza e força. Os homens de oração são os salvadores da igreja dessa tendência materialista. Eles derramam sobre ela as forças espirituais originais, erguem as barras do materialismo e a impelem às profundezas oceânicas do poder espiritual. Homens de oração mantêm Deus na igreja em plena força; mantêm as mãos dele no leme e treinam a igreja em lições de força e confiança.

O número e a eficiência dos trabalhadores na vinha de Deus em todas as terras dependem dos homens de oração. O poder desses homens de oração aumenta pelo processo divinamente planejado, pelo número e pelo sucesso dos trabalhadores consagrados. A oração abre grandes portas de acesso, concede santa capacidade para entrar, santa ousadia, firmeza e frutificação. Homens de oração são necessários em todos os campos do trabalho espiritual. Não há posição na igreja de Deus, elevada ou não, que possa ser bem preenchida sem oração incessante. Não há posição em que os cristãos se encontrem que não exija a plena atuação da fé que sempre ora e nunca desfalece. Homens de oração são necessários nos lugares de negócios, bem como na casa de Deus, para que possam ordenar e dirigir o comércio, não de acordo com as máximas deste mundo, mas de acordo com os princípios da Bíblia e com as máximas do mundo celestial.

Homens de oração são especialmente necessários nas posições de influência, honra e poder na igreja. Esses líderes, que são os do pensamento da igreja, da obra da igreja e da vida da igreja, deveriam ser homens de poder evidente na oração. É o coração de oração que santifica o esforço e a habilidade das mãos e o esforço e a sabedoria da mente. A oração mantém o trabalho alinhado à vontade de Deus e mantém o pensamento alinhado à Palavra de Deus. As sérias responsabilidades da liderança, em uma esfera maior ou mais limitada, na igreja de Deus deveriam estar tão cercadas pela oração que entre ela e o mundo houvesse um abismo intransponível, tão elevadas e purificadas pela oração que nem névoa nem noite manchassem o esplendor ou diminuíssem a visibilidade de uma visão constante de Deus. Muitos líderes da igreja parecem pensar que, se forem importantes como os homens de negócios, homens de dinheiro, de influência, de pensamento, de planos, de logros acadêmicos, de dons de eloquência, de atividades distintas, que isso é o suficiente para compensar a ausência de um poder espiritual mais elevado que somente muita oração pode conceder. Mas como esses homens são fúteis e insignificantes na séria obra de glorificar a Deus, conduzir a igreja para ele e levá-la a estar de pleno acordo com sua missão divina!

Homens de oração são os homens que fizeram tanto por Deus no passado. São aqueles que conquistaram vitórias para Deus e despojaram seus inimigos. São aqueles que estabeleceram seu reino nos próprios campos do inimigo de Deus. Não há outras condições de sucesso nos dias de hoje. O século atual não tem um estatuto de indulto para suspender a necessidade ou a força da oração — não tem um substituto que possa garantir seu fim de graça. Estamos presos a isto: somente mãos de oração podem edificar para Deus. Eles são os poderosos de Deus na terra, seus mestres construtores. Eles podem ser destituídos de tudo mais, mas com as lutas e vitórias de uma fé simples eles são poderosos, os mais poderosos para Deus. Os líderes da igreja podem ser dotados em tudo mais, mas sem o maior dos dons eles são como Sansão com as tranças cortadas, ou como o templo sem a presença e a glória divina e em cujo altar a chama celestial se apagou.

A única proteção e o único resgate do mundanismo estão em nossa espiritualidade intensa e radical; e nossa única esperança para a existência e manutenção dessa espiritualidade elevada e salvadora sob Deus está na mais pura e mais agressiva liderança — uma liderança que conhece o poder secreto da oração, o sinal pelo qual a igreja conquistou e que tem consciência, convicção e coragem para permanecer fiel a seus símbolos, verdadeira em relação a suas tradições e verdadeira no que concerne ao recôndito de seu poder. Nós precisamos dessa liderança de oração. Devemos tê-la para que pela perfeição e beleza de sua santidade, pela força e sublimidade de sua fé, pela autoridade e pressão de suas orações, pela autoridade e pureza de seu exemplo, pelo fogo e contágio de seu zelo, pela singularidade, sublimidade e santidade de sua piedade possa influenciar Deus, sustentar e moldar a igreja em seu modelo celestial.

Esses tipos de líderes são poderosamente notados. Como seu fogo desperta a igreja! Como eles a motivam pela força de sua presença do Pentecoste! Como eles se dispõem para o combate e conquistam vitórias pelos conflitos e triunfos de sua própria fé! Como eles a moldam pela marca e importunação de suas orações! Como eles a implementam pelo fogo contagiante de sua santidade! Como eles lideram a marcha em grandes revoluções espirituais! Como a igreja é ressuscitada dentre os mortos pelo chamado da ressurreição em suas pregações! A santidade desperta do sono como flores à voz da primavera, e por onde eles pisam o deserto floresce como o jardim do Senhor. A causa de Deus exige tais líderes ao longo de toda a linha de posições oficiais, do subalterno ao superior. Como são débeis, sem propósito e mundanos nossos esforços, como execrados para a obra de Deus quando não existem homens como esses!

O dom desses líderes não está no âmbito do poder eclesiástico. Eles são os provados por Deus. Seu ser, sua presença, sua categoria e sua habilidade são sinais do favor de Deus; sua ausência, sinal certo do desfavor de Deus, o presságio de sua retirada. Que a igreja de Deus esteja ajoelhada diante do Senhor dos Exércitos, que ele possa dotar ainda mais poderosamente os líderes que já possuímos e acrescentar outros às fileiras e conduzir todos à frente de batalha.

O mundo está entrando na igreja em muitos pontos e de muitas formas. Ele se aproxima lentamente;

precipita-se; vem descaradamente ou insinuando-se com disfarces; ele entra por cima e por baixo e infiltra-se por muitos caminhos escondidos.

Estamos procurando homens de oração e homens santos — homens cuja presença na igreja farão dela um incensário do mais santo incenso queimando para Deus. Com Deus, o homem conta para tudo. Rituais, formalidades, organizações são de pouca significação; a menos que sejam endossados pela santidade do homem, eles são ofensivos aos olhos de Deus: " '[...] O incenso de vocês é repugnante para mim. Luas novas, sábados e reuniões! Não consigo suportar suas assembleias cheias de iniquidade' " (Isaías 1.13).

Por que Deus fala tão energicamente contra suas próprias ordenanças? A pureza pessoal falhará. O homem impuro manchará todas as instituições sagradas de Deus e as corromperá. Deus tem tanta consideração pelo homem que rebaixa o valor do restante. Os homens construíram templos gloriosos, esforçaram-se e fatigaram-se para agradar a Deus por meio de dádivas, mas de maneira elevada ele reprovou esses adoradores orgulhosos e rejeitou suas dádivas suntuosas.

> [...] "O céu é o meu trono; e a terra, o estrado dos meus pés. Que espécie de casa vocês me edificarão? É este o meu lugar de descanso? Não foram

*Capítulo 8* **91**

as minhas mãos que fizeram todas essas coisas,
e por isso vieram a existir?", pergunta o Senhor.
"[...] Mas aquele que sacrifica um boi é como quem
mata um homem; aquele que sacrifica um cordeiro,
é como quem quebra o pescoço de um cachorro;
aquele que faz oferta de cereal é como quem apresenta sangue de porco, e aquele que queima incenso memorial, é como quem adora um ídolo [...]".
(Isaías 66.1-3)

Dando as costas com repugnância a essas ofertas caras e profanas, ele declara: " 'A este eu estimo: ao humilde e contrito de espírito, que treme diante da minha palavra' " (v. 2b).

A verdade de que Deus considera a pureza pessoal do homem é fundamental. Essa verdade sofre quando se faz muito caso de ordenanças e quando se multiplicam formas de adoração. O homem e seu caráter espiritual se depreciam quando as cerimônias da igreja aumentam. A simplicidade da adoração é perdida na estética religiosa ou na ostentação das formalidades religiosas.

A verdade de que a pureza pessoal do indivíduo é a única coisa com que Deus se importa se perde de vista quando a igreja começa a estimar os homens pelo que eles possuem. Quando a igreja olha para o dinheiro de um homem, sua posição social ou o que ele possui, então os valores espirituais passam a ser temivelmente rebaixados e a lágrima da penitência e o peso da culpa nunca são vistos em suas portas. Subornos mundanos abriram e mancharam seus portões de pérolas com a entrada do impuro.

A verdade de que Deus está procurando pureza pessoal é retirada quando a igreja tem ganância por números. "Não números, mas pureza pessoal é nosso objetivo", disse o pai do metodismo. O paradigma da estatística da igreja é muito contrário à natureza da religião espiritual. Observar números atrapalha muito o olhar sobre a pureza pessoal. O aumento da quantidade geralmente se dá à custa da qualidade. O volume diminui a preciosidade.

A era da organização da igreja e de sua estrutura não é uma era notável por elevada e firme piedade pessoal. O mecanismo estrutural em geral procura por engenheiros e organizações, não por santos, para que as conduzam. A organização simples pode ajudar na pureza, bem como na força; mas, além desse limite estreito, a organização engole o indivíduo e não zela por sua pureza pessoal; estímulo, atividade, entusiasmo, zelo por uma organização entram como substitutos do caráter espiritual. A santidade e todas as graças espirituais de uma cultura forte e crescimento lento são descartadas como vagarosas demais e muito caras para o progresso e avanço desta era.

*Capítulo 8* 93

À força da estrutura, das novas organizações e da fraqueza espiritual espera-se em vão que os resultados sejam assegurados, resultados que só podem ser assegurados pela fé, pela oração e pela espera em Deus.

O homem e seu caráter espiritual é o que Deus está procurando. Se homens, homens santos, pudessem ser produzidos pelo mecanismo estrutural da igreja de forma mais rápida e melhor do que pelos processos antigos, investiríamos alegremente em cada nova e aprimorada invenção, mas não cremos assim. Nós aderimos ao caminho antigo — o caminho que trilharam os santos profetas, a avenida do rei para a santidade.

Um exemplo é o caso de William Wilberforce. De posição social elevada, membro do Parlamento, amigo de Pitt, o famoso estadista, ele não fora chamado por Deus para esquecer sua posição social elevada, nem para deixar o Parlamento, mas, sim, fora chamado para ordenar sua vida de acordo com o padrão estabelecido por Jesus Cristo e entregar-se à oração. Ler sua história de vida é ser impressionado por sua santidade e sua devoção à necessidade de dedicar horas de quietude solitária com Deus. Sua conversão foi anunciada aos amigos, a Pitt e outros, por carta.

No início de sua jornada religiosa, ele registra:

Meus motivos principais para um dia de oração secreta são: (1) que o estado dos assuntos públicos é crítico e clama por urgente reprovação do desgosto divino. (2) Minha fase de vida é uma fase difícil em que me sinto perdido e não sei como agir. Portanto, deve ser buscada direção de tempos em tempos. (3) Fui bondosamente ajudado em situações difíceis da natureza pública. Saí e retornei para casa em segurança, e uma gentil recepção assistiu-me. Eu espero humildemente também que o que estou fazendo agora seja uma prova de que Deus não retirou seu Santo Espírito de mim. Estou coberto com misericórdias.

Em seu aniversário, foi levado mais uma vez a revisar sua situação e seu trabalho. Ele escreveu:

Descobri que os livros alienam meu coração de Deus tanto quanto outras coisas. Tenho traçado um plano de estudo para mim mesmo, mas deixe-me lembrar de que apenas uma coisa é necessária, que, se meu coração não pode ser mantido em um estado espiritual sem muita oração, meditação, leitura da Escritura etc., o que é incompatível com estudo, devo *buscar primeiro* a justiça de Deus.

Tudo deveria estar submetido ao crescimento espiritual. "Temo", diz ele, "que não estudei as Escrituras o suficiente". Certamente no recesso do verão eu deveria

*Capítulo 8* 95

ter lido as Escrituras uma ou duas horas por dia, além de oração, leitura devocional e meditação. Deus me fará prosperar mais se eu esperar nele. A experiência de todos os homens bons mostra que, sem oração constante e atenção, a vida de Deus na alma fica estagnada.

As devoções matinais e noturnas de Doddridge eram assunto sério. O coronel Gardiner sempre passava duas horas em oração pela manhã antes de sair. Bonnel praticava devoção pessoal basicamente pela manhã e à noite e repetia os salmos ao se vestir e despir para elevar a alma às coisas celestiais:

> Eu espero em Deus para tornar efetivos os meios. Temo que minhas devoções sejam muito apressadas, que não leio a Escritura o suficiente. Devo crescer na graça; devo amar mais a Deus; devo sentir mais o poder das coisas divinas. Ser mais ou menos estudado não significa nada. Mesmo que eu execute o trabalho que considero útil, é comparativamente sem importância. Mas esteja atenta minha alma com a indiferença.

O ano-novo começou com a santa comunhão e novos votos. Ele escreveu:

> Vou seguir em frente e esforçar-me para conhecer melhor Deus e amá-lo mais. Certamente irei,

porque Deus concederá seu Espírito Santo aos que lhe pedirem, e o Espírito Santo derramará abundantemente o amor de Deus no coração. Oh, então ore, ore; seja fervoroso, siga em frente, siga conhecendo o Senhor. Sem atenção, humilhação e oração, o senso das coisas divinas definha.

Com vistas a preparar-se para o futuro, chegou a afirmar que não descobrira nada mais eficaz do que a oração individual e a leitura atenta do Novo Testamento. E novamente:

Devo acrescentar que ultimamente tenho tido pouco tempo para a devoção pessoal. Posso, com tristeza, confirmar a observação de Doddridge de que, quando continuamos doentes no quarto de oração, frequentemente também o somos nos outros lugares. Devo reparar isso. Temo entrar no que Owen chama de negócio do pecado e arrependimento [...]. Senhor, ajuda-me; encurtar as devoções pessoais deixa a alma faminta; ela fica pobre e abatida. Não deve ser assim. Preciso redimir mais tempo. Percebo quão fraco em espírito me torno sem margem de tempo para as devoções pessoais; devo ser cuidadoso para perseverar em oração.

Em outro tom, registra:

*Capítulo 8* 97

Devo tentar o que há tempos ouvi ser a regra de E — o grande tapeceiro, que, quando veio de Bond Street para sua pequena casa de campo, sempre primeiro se retirava para seu quarto. Tenho trabalhado até muito tarde e por isso tenho tido apenas uma apressada meia hora para mim. Com certeza, a experiência de todos os homens bons confirma a proposição de que, sem a devida medida de devoção pessoal, a alma estará cada vez mais fraca.

Ele escreveu ao filho:

Permita-me apelar a que não seja seduzido a negligenciar, reduzir ou apressar suas orações matinais. Entre todas as coisas, guarde-se de negligenciar Deus no quarto de oração. Não há nada mais fatal para a vida e o poder da religião. Mais solitude e horas mais cedo — ore pelo menos três vezes por dia. Como eu poderia servir melhor se cultivasse uma comunhão mais íntima com Deus!

Wilberforce conhecia o segredo de uma vida santa. Não é aí que a maioria de nós falha? Estamos tão ocupados com outras coisas, tão imersos em fazer o bem e em dar prosseguimento à obra do Senhor, que negligenciamos os períodos de quietude em oração a Deus e, antes que percebamos, nossa alma está fraca e empobrecida.

"Uma noite sozinho em oração", diz Spurgeon, "pode fazer de nós novos homens, tirados da pobreza da alma para a riqueza espiritual, do tremor para o triunfo. A vida de Jacó é um exemplo disso. Em tempos passados, o ardiloso trapaceiro, sempre barganhando e calculando, pouco amável em quase todos os aspectos, mesmo assim, uma noite em oração transformou o enganador em um príncipe que prevaleceu e se revestiu de majestade celestial. Daquela noite em diante, ele vive nas páginas sagradas como integrante da nobreza do céu. Não poderíamos nós, pelo menos de vez em quando, nestes cansativos anos na terra, separar uma única noite para tal enriquecedora troca com o céu? Por acaso não temos ambições sagradas? Estamos surdos para os anseios do amor divino? Entretanto, meus irmãos, para a riqueza ou para a ciência os homens alegremente deixam seus sofás macios, e nós não podemos fazer isso repetidamente por amor a Deus e pelo bem das almas? Onde está nosso zelo, nossa gratidão, nossa sinceridade? Fico envergonhado ao censurar dessa forma tanto a mim como a você. Será que podemos nos demorar no Jaboque e clamar com Jacó quando ele agarrou o anjo? "Com você pretendo passar toda a noite e lutar até o romper do dia."

*Capítulo 8* 99

Certamente, irmãos, se entregamos dias inteiros a tolices, podemos separar um espaço para a sabedoria celestial. Houve tempos em que gastamos noites inteiras em libertinagem, em danças e folias do mundo; não nos cansávamos. Repreendíamos o sol por nascer tão cedo, desejando que as horas demorassem para nos deleitarmos em alegrias mundanas e, quem sabe, em profundo pecado. Por que motivo então nos cansamos nas ocupações celestiais? Por que ficamos cansados quando nos pedem para vigiar com nosso Senhor? Levante-se, coração preguiçoso, Jesus o chama! Erga-se e vá encontrar o Amigo celestial no lugar em que ele se manifesta.

Não podemos esperar crescer em semelhança a nosso Senhor, a não ser seguindo seu exemplo e passando mais tempo em comunhão com o Pai. Um avivamento da verdadeira oração produziria uma revolução espiritual.

# CAPÍTULO 9

Sustente as mãos que estão caídas, pela fé e pela oração; apoie os joelhos vacilantes. Vocês têm dias de jejum e oração? Ataquem o trono de graça e perseverem; assim, a misericórdia descerá.

— JOHN WESLEY

Devemos lembrar que o objetivo da oração é o ouvido de Deus. A menos que ele seja alcançado, a oração falhou completamente. As palavras podem ter despertado sentimentos devocionais na nossa mente, ouvi-las pode ter confortado e fortalecido o coração daqueles com quem oramos, mas, se a oração não ganhou o coração de Deus, ela falhou em seu propósito essencial.

Um mero formalista sempre pode orar para agradar a si mesmo. O que ele tem de fazer, a não ser abrir seu livro e ler as palavras prescritas ou dobrar os joelhos e repetir frases sugeridas por sua memória ou sua inclinação? Como a máquina de oração dos tártaros, bastam o vento e a roda, e o negócio está arranjado. Da mesma forma, dobrar os joelhos e falar, e a oração está feita. As orações do formalista são sempre boas, ou melhor, sempre ruins. Mas o filho de Deus que está vivo nunca oferece uma oração que agrada a ele mesmo. Seu padrão é maior que seu feito. Ele se surpreende que Deus o ouça e, embora saiba que vai ser ouvido por causa de Cristo, mesmo assim considera um exemplo maravilhoso de condescendente misericórdia que orações tão pobres como as suas cheguem aos ouvidos do Senhor Deus dos Exércitos.

— C. H. SPURGEON

*Capítulo 9* **101**

PODE-SE DIZER COM ÊNFASE que nenhum santo preguiçoso ora. Pode haver um santo preguiçoso? Pode haver um santo sem oração? A falta de oração não abrevia a coroa e o reino da santidade? Pode haver um soldado covarde? Pode haver um santo hipócrita? Pode haver vício virtuoso? Apenas quando essas possibilidades são trazidas à existência é que podemos encontrar um santo sem oração.

Simular a oração é uma tarefa cansativa, mas não é difícil. Recitar orações de forma decente e delicada não é um trabalho duro. Mas orar realmente, orar até sentir o pesado golpe, orar até que os portões de ferro da dificuldade sejam abertos, até que as montanhas de obstáculos sejam removidas, até que a neblina se dissipe, as nuvens se ergam e o fulgor de um dia sem nuvens resplandeça, isso é trabalho duro, mas é trabalho de Deus e o melhor esforço do homem. Nunca o esforço das mãos, da mente e do coração foi gasto de modo mais proveitoso do que ao orar. É difícil esperar e insistir e orar, e não ouvir nenhuma voz, mas permanecer até Deus responder. A alegria da oração respondida é a alegria de uma mãe em trabalho de parto quando um filho nasce ao mundo, é a alegria de um escravo cujas correntes foram abertas e que recebeu liberdade e nova vida.

Uma visão ampla do que foi alcançado pela oração mostra o que perdemos quando a dispensação da verdadeira oração foi substituída pela pretensão e pelo engano farisaicos; mostra também como é imperativa a necessidade por santos homens e mulheres que se entreguem à oração fervorosa segundo o exemplo de Cristo.

Orar não é uma coisa fácil. Por trás da vida de oração devem estar todas as condições para que ela exista. Essas condições são possíveis, mas não são aproveitadas em um instante por aqueles que não oram. Elas sempre podem estar presentes para quem é fiel e santo, mas não podem existir nem ser cumpridas por um espírito fútil, negligente e preguiçoso. A oração não vigora sozinha. Não é uma realização isolada. A oração está intimamente relacionada com todos os deveres de uma vida religiosa dedicada. É o produto de um caráter constituído dos elementos de uma fé vigorosa e dominante. A oração honra a Deus, reconhece seu ser, exalta seu poder, adora sua providência, garante seu auxílio. Um falso racionalismo irônico grita contra a devoção, que não faz nada além de orar. Mas orar bem significa fazer bem todas as coisas. Se é verdade que a devoção não faz nada além de orar, então não faz nada realmente. Não fazer nada, a não ser orar, falha, na verdade, em orar, pois as condições antecedentes, coincidentes e subsequentes da oração não são nada mais do que a soma de todas as forças de uma piedade prática e operante.

*Capítulo 9* 103

As possibilidades da oração correm paralelas às promessas de Deus. A oração abre uma saída para as promessas, remove os empecilhos no caminho de sua execução, coloca-os em ação ordenada e assegura seus fins de graça. Mais do que isso, a oração, assim como a fé, obtém promessas, amplia sua atuação e acrescenta às medidas de seus resultados. As promessas de Deus eram para Abraão e seus descendentes; no entanto, havia muitos ventres inférteis e muitos obstáculos menores que se interpunham no caminho do cumprimento dessas promessas; mas a oração removeu todos eles, abriu uma avenida para as promessas, somou na facilidade e rapidez de sua realização, e pela oração a promessa brilhou perfeita em sua execução.

As possibilidades da oração estão em aliar-se aos propósitos de Deus, pois os propósitos de Deus e as orações dos homens são a combinação de forças onipotentes. Mais do que isso, as possibilidades da oração são vistas no fato de que ela muda os propósitos de Deus. É da própria natureza da oração implorar e dar instruções. A oração não é negação. É uma força positiva. Ela nunca se rebela contra a vontade de Deus, nunca entra em conflito com essa vontade, mas que ela procura mudar o propósito de Deus é evidente. Cristo disse: " 'Acaso não haverei de beber o cálice que o Pai me deu?' " (João 18.11) e, mesmo assim, ele havia orado naquela noite: " 'Meu Pai, se for possível, afasta de mim este cálice' " (Mateus 26.39). Paulo tentou mudar os propósitos de Deus em relação ao espinho na carne. Os propósitos de Deus estavam determinados para destruir Israel, e a oração de Moisés mudou os propósitos de Deus e salvou Israel. No tempo dos juízes, Israel fora infiel e estava sendo muito oprimido. Eles se arrependeram e clamaram a Deus, ao que ele respondeu: " 'Mas vocês me abandonaram e prestaram culto a outros deuses. Por isso não os livrarei mais' " (Juízes 10.13), mas eles se humilharam, abandonaram os deuses estranhos, e Deus "não pôde mais suportar o sofrimento de Israel" (10.16) e enviou libertação por meio de Jefté.

Deus enviou Isaías para dizer a Ezequias: " 'Ponha em ordem a sua casa, pois você vai morrer; não se recuperará' " (2Reis 20.1). Ezequias orou, e Deus enviou Isaías de volta para dizer: " '[...] "Ouvi sua oração e vi suas lágrimas; eu o curarei. [...] Acrescentarei quinze anos à sua vida [...]" ' " (v. 5,6). " 'Daqui a quarenta dias Nínive será destruída' " (Jonas 3.4) foi a mensagem de Deus levada por Jonas. Mas Nínive clamou intensamente a Deus, e "Deus se arrependeu e não os destruiu como tinha ameaçado" (v. 10).

As possibilidades da oração são visíveis nas situações diversas que alcança e nos fins diversos que assegura. Elias orou por uma criança morta, e ela voltou à vida; Eliseu fez a mesma coisa; Cristo orou no túmulo de Lázaro, e este saiu. Pedro ajoelhou-se e orou ao lado da cama de Dorcas, e ela abriu os olhos e se sentou, e Pedro apresentou-a viva às mulheres angustiadas. Paulo orou por Públio e o curou. A oração de Jacó transformou o ódio assassino de Esaú nos beijos do mais carinhoso abraço entre irmãos. Deus deu Jacó e Esaú a Rebeca, porque Isaque orara por ela. José era o filho das orações de Raquel. A oração de Ana deu Samuel a Israel. João Batista foi dado a Isabel, estéril e idosa como era, em resposta às orações de Zacarias. A oração de Eliseu trouxe fome e colheita a Israel; conforme ele orava, assim acontecia. A oração de Esdras levou o Espírito de Deus a trazer angustiada convicção sobre toda a cidade de Jerusalém, e os levou às lágrimas de arrependimento e de volta para Deus. A oração de Isaías fez com que a sombra do sol retrocedesse dez graus no relógio de Acaz.

Em resposta à oração de Ezequias, um anjo matou 185 mil homens do exército de Senaqueribe em uma noite. A oração de Daniel abriu-lhe a visão da profecia, ajudou-o a administrar os negócios de um reino poderoso e enviou um anjo para fechar a boca dos leões. O anjo foi enviado a Cornélio, e o evangelho abriu-se ao mundo gentil porque "Suas orações e esmolas subiram como oferta memorial diante de Deus" (Atos 10.4). "Que mais direi? Não tenho tempo para falar de Gideão, Baraque, Sansão, Jefté, Davi, Samuel e os profetas" (Hebreus 11.32) e de Paulo e Pedro, e João e os apóstolos" e de todos os santos, reformadores, mártires que, pela oração, "conquistaram reinos, praticaram a justiça, alcançaram o cumprimento de promessas, fecharam a boca de leões, apagaram o poder do fogo e escaparam do fio da espada; da fraqueza tiraram força, tornaram-se poderosos na batalha e puseram em fuga exércitos estrangeiros" (Hebreus 11.33,34).

A oração inclui Deus na situação com força de comando: " 'A respeito de coisas vindouras, você me pergunta sobre meus filhos, ou me dá ordens sobre o trabalho de minhas mãos?' " (Isaías 45.11), diz Deus. Nós somos incumbidos na Palavra de Deus de "orar sempre" (Lucas 18.1), "em tudo pela oração" (Filipenses 4.6), "[perseverar] na oração" (Romanos 12.12), "[orar] em todo lugar" (1Timóteo 2.8), "com toda oração" (Efésios 6.18). A promessa é tão ilimitada quanto a ordenança é ampla. " 'E tudo o que pedirem em oração, se crerem, vocês receberão' " (Mateus 21.22), "o que vocês pedirem" (João 14.13,14). " '[...] pedirão o que quiserem, e será concedido' " (João 15.7). " '[...] meu Pai dará a vocês tudo o que pedirem em meu nome' " (João 16.23).

*Capítulo 9* 107

Se alguma coisa não está incluída em "tudo" ou não se encontra na frase "peçam tudo", então essas coisas poderão ser deixadas de fora da oração. A língua não poderia cobrir uma extensão mais ampla, nem envolver mais plenamente todos os detalhes. Essas declarações são apenas exemplos das possibilidades plenamente abrangentes da oração conforme as promessas de Deus àqueles que cumprem as condições da oração correta.

Essas passagens, entretanto, apresentam apenas um esboço geral das imensas regiões sobre as quais a oração estende seu domínio. Além desses, os efeitos da oração alcançam e asseguram o bem em regiões que não podem ser cruzadas pela linguagem nem pelo pensamento. Paulo, infundido com a linguagem e com o pensamento na oração, mas ciente de necessidades não abrangidas e âmbitos do bem não alcançados, atinge essas regiões impenetráveis e desconhecidas com este pedido geral: "Àquele que é capaz de fazer infinitamente mais do que tudo o que pedimos ou pensamos, de acordo com o seu poder que atua em nós" (Efésios 3.20). A promessa é " 'Clame a mim e eu responderei e direi a você coisas grandiosas e insondáveis que você não conhece' " (Jeremias 33.3).

Tiago declara que "a oração de um justo é poderosa e eficaz" (Tiago 5.16). Quanto ele não pôde dizer, mas ilustrou pelo poder da oração do Antigo Testamento para animar os santos do Novo Testamento a imitar, pelo fervor e influência de suas orações, os santos homens do passado e duplicar e sobrepujar o poder de suas orações! Elias, diz ele, era "humano como nós. Ele orou fervorosamente para que não chovesse, e não choveu sobre a terra durante três anos e meio. Orou outra vez, e os céus enviaram chuva, e a terra produziu os seus frutos" (Tiago 5.17,18).

No Apocalipse de João, toda a ordem inferior da criação de Deus e seu governo providencial, a igreja e o mundo angelical estão esperando a eficácia das orações dos santos na terra sobre os diversos interesses da terra e do céu. O anjo toma o fogo aceso pela oração e lança-o em direção à terra "Houve, então, relâmpagos, vozes, trovões e um forte terremoto" (Apocalipse 16.18). A oração é a força que gera todos esses temores, tumultos e dores. "Pede-me", diz Deus a seu Filho, e à igreja de seu Filho, "e te darei as nações como herança e os confins da terra como tua propriedade" (Salmos 2.8).

Os homens que realizaram feitos poderosos por Deus sempre foram poderosos na oração, entenderam bem as possibilidades da oração e aproveitaram o melhor das possibilidades. O Filho de Deus, o primeiro de todos e o mais poderoso, mostrou-nos

*Capítulo 9*   **109**

todo o poder e alcance das possibilidades da oração. Paulo era poderoso em Deus porque sabia como usar e como fazer os outros usarem as poderosas forças espirituais da oração.

O serafim, ardente, desperto, adorando é a figura da oração. Ele é irresistível em seu fervor, devotado e incansável. Há empecilhos à oração que nada, a não ser chamas puras e intensas, pode transpor. Há batalhas, gastos e resistência que nada, a não ser a chama mais poderosa e ardente, pode suportar. A oração pode ter língua lenta, mas não pode ter língua fria. Suas palavras podem ser poucas, mas elas devem estar em chamas. Seus sentimentos podem ser impetuosos, mas eles devem estar brancos de calor. É a oração eficaz e fervorosa que influencia Deus.

A casa de Deus é a casa de oração; a obra de Deus é a obra de oração. É o zelo pela casa de Deus e o zelo pela obra de Deus que tornam gloriosa a casa de Deus e fazem sua obra subsistir.

Quando os quartos de oração dos santos estão fechados ou entra-se neles casualmente ou friamente, então os governantes da igreja são seculares, carnais, materialistas; o caráter espiritual despenca a um nível baixo, e o ministério passa a ser reprimido e enfraquecido.

Quando a oração cai, o mundo prevalece. Quando a oração falha, a igreja perde suas características divinas, seu poder divino; a igreja é tragada por um eclesiasticismo orgulhoso, e o mundo zomba da manifestação de sua impotência.

# CAPÍTULO 10

> Considero todos os quatro Evangelhos completamente genuínos, pois neles há o reflexo de uma grandeza que emanava da pessoa de Jesus e que era tão divino e gentil como nunca se viu na terra.
> — GOETHE

NÃO HÁ POSSIBILIDADES, NÃO há necessidade de fazer uma oração vazia, uma encenação sem coração, uma rotina sem sentido, um hábito morto, uma obrigação apressada e descuidada — isso não justifica nada. A oração vazia não tem vida, não gera vida, está morta, exala morte. Não é uma arma de guerra, mas um brinquedo de criança; não serve para o trabalho, mas para brincar. Oração vazia não supre a necessidade e os objetivos da recreação. Oração vazia é apenas um peso, um impedimento na hora da batalha, do conflito intenso, um chamado para retroceder no momento da batalha e da vitória.

Por que nós não oramos? Quais são os empecilhos para a oração? Essa não é uma pergunta curiosa nem trivial. Ela atinge não apenas toda a questão da oração, mas toda a questão da nossa religião. A religião está fadada ao declínio quando a oração é obstruída. O que obstrui a oração, obstrui a religião.

# 112 PROPÓSITO NA ORAÇÃO

Aquele que está ocupado demais para orar estará ocupado demais para viver uma vida santa.

Nossos deveres passam a pressionar, absorver e extinguir a oração. Sufocada até a morte seria o veredito do médico-legista em muitos casos de oração morta se uma investigação fosse realizada sobre essa terrível calamidade espiritual. Essa forma de impedir a oração se torna tão natural, tão fácil, tão inocente que acontece sem percebermos. Se permitirmos que nossa oração seja extinta, ela sempre será. Satanás prefere, acima de tudo, que deixemos a grama crescer no caminho que leva ao nosso quarto de oração. Um quarto de oração sonolento significa que está fora de atuação em termos religiosos ou, o que é ainda pior, que assumiu um compromisso e confiando em uma religião em nome de outro que não o de Deus e para a glória de outra pessoa. A glória de Deus só é assegurada no "negócio" da religião quando sustentamos a religião com um grande "capital" de oração. Os apóstolos entenderam isso ao declarar que o tempo deles não devia ser gasto nem mesmo com os deveres sagrados de cuidar dos necessitados; eles deveriam entregar-se e disseram: " 'e nos dedicaremos à oração e ao ministério da palavra' " (Atos 6.4), sendo a oração posicionada em primeiro lugar, e o ministério da Palavra recebendo vida e eficácia por meio da oração.

*Capítulo 10* 113

O processo de impedir a oração, sufocando-a, é simples e avança em estágios. Primeiro, a oração é apressada. Aparecem a inquietação e a agitação, fatais para qualquer exercício sincero. Em seguida, o tempo fica curto, e o deleite no exercício enfraquece. Então ela é comprimida num canto e depende de fragmentos de tempo para ser exercitada. Seu valor fica depreciado. O dever perdeu a importância. Já não impõe respeito nem traz benefícios. Perdeu a estima, está fora do coração, dos hábitos, da vida. Nós paramos de orar e paramos de viver espiritualmente.

Não há pausa para as desoladoras inundações do mundo, dos negócios e da carreira, a não ser a oração. Cristo referiu-se a isso quando nos desafiou a vigiar e orar. Não há corporações pioneiras no evangelho, a não ser na oração. Paulo sabia disso quando declarou: "Noite e dia insistimos em orar para que possamos vê-los pessoalmente e suprir o que falta à sua fé" (1 Tessalonicenses 3.10). Não há como chegar a um nível elevado de graça sem muita oração, e não há como permanecer nessa altitude sem muita oração. Epafras sabia disso quando estava "batalhando por vocês em oração" em favor da igreja de Colossos para que "continu[assem] firmes em toda vontade de Deus" (Colossenses 4.12).

A única forma de impedir que nossa oração seja obstruída é estimar a oração em seu grande e verdadeiro valor. Estime-a como Daniel:

Quando Daniel soube que o decreto tinha sido publicado, foi para casa, para o seu quarto, no andar de cima, cujas janelas davam para Jerusalém e ali fez o que costumava fazer: três vezes por dia ele se ajoelhava e orava, agradecendo ao seu Deus (Daniel 6.10).

Valorize muito a oração, assim como Daniel, coloque-a acima de lugar, honra, conveniência, riqueza, vida. Faça da oração um hábito, assim como Daniel. "[...] fez o que costumava fazer" — esta frase pode nos dar firmeza e fidelidade na hora do desafio; há muito nela para remover empecilhos e impor-se sobre circunstâncias adversas.

Um dos enganos mais ardilosos de Satanás é destruir o melhor com algo bom. Trabalho e outros deveres são bons, mas ficamos tão ocupados com eles que podem pressionar e destruir o que há de melhor. A oração sustenta a fortaleza de Deus. Se Satanás puder de alguma forma enfraquecer a oração, ele já conseguiu uma vitória. Quando a oração morre, a fortaleza é tomada. Devemos guardar a oração como o vigia fiel se mantém de guarda, vigiando sem pestanejar. Não podemos mantê-la faminta e fraca como um bebê, mas, sim, vigorosa. Nosso quarto de oração deveria receber o vigor da nossa força, nosso tempo mais descansado, sem horas restritas, sem

*Capítulo 10* **115**

interferências, sem pressa. Um lugar privativo e tempo suficiente são a vida da oração. "Ajoelhar-se três vezes por dia e orar, agradecendo ao seu Deus como costumava fazer" é o coração e a alma da religião e forma em homens como Daniel um "espírito excelente" (Daniel 5.12, tradução livre), "muito amado no céu" (Daniel 9.23, tradução livre).

A grandeza da oração, envolvendo, como envolve, o homem como um todo, em sua forma mais intensa, não acontece sem disciplina espiritual. Isso faz da oração um trabalho duro, e diante desse esforço consumidor e exigente nossa indolência ou fraqueza espiritual se envergonha.

A simplicidade da oração e seus elementos infantis, na verdade, acabam sendo um grande obstáculo para a verdadeira oração. O intelecto trava o caminho do coração. Somente o espírito infantil é o espírito da oração. Não se trata de uma ocupação de férias para fazer do homem uma criança novamente. Na música, na poesia, na memória ele pode desejar ser criança de novo, mas na oração ele deve de fato ser criança na realidade. No colo da mãe, sincero, doce, intenso, direto, confiante. Sem sombra de dúvida, sem nada a esconder. Um desejo que arde e consome e que só pode ser vocalizado pelo choro. Não é tarefa fácil ter esse espírito infantil na vida de oração.

Se a oração nada mais fosse do que uma hora no quarto, as dificuldades iriam se interpor e impedir até mesmo nessa hora, mas oração é a vida por completo preparada para o quarto de oração. Como é difícil administrar casa e trabalho, todas as alegrias e tristezas da vida, com a santa atmosfera do quarto de oração! Uma vida santa é a única preparação para a oração. É tão difícil orar quanto viver uma vida santa. Nela descobrimos uma parede de exclusão construída ao redor do nosso quarto. Os homens não amam a santa oração porque não amam e não vivem uma vida santa. Montgomery estabelece as dificuldades da oração verdadeira ao tratar da sublimidade e simplicidade da oração.

> Oração é a forma mais simples de conversa
> que lábios infantis podem experimentar.
> Oração é a força mais sublime que alcança
> a Majestade nas alturas.

Isso não é apenas boa poesia, mas uma verdade profunda sobre a imponência e simplicidade da oração. Há grande dificuldade em alcançar o aspecto exaltado e angelical da oração. A dificuldade de atingir a simplicidade dos lábios infantis também não é muito menor.

*Capítulo 10* **117**

A oração no Antigo Testamento é chamada de luta. Conflito e habilidade, vigor e esforço exaustivo estão envolvidos. No Novo Testamento, temos os termos empenho, esforçar-se ardentemente, eficácia, agonia, todos indicando o esforço intenso envolvido e as dificuldades superadas. Em nossos louvores, cantamos:

Que variados empecilhos encontramos
para nos aproximarmos do trono da graça!

Também aprendemos que os resultados da graça obtidos pela oração geralmente são proporcionais ao empenho em remover os empecilhos que obstruem a comunhão da nossa alma com Deus.

Cristo contou uma parábola com o fim de que os homens deveriam orar sempre e não desfalecer. A parábola da viúva persistente ensina sobre as dificuldades da oração, como elas devem ser superadas e o êxito advindo da oração valorosa. As dificuldades sempre tentarão obstruir o caminho para o quarto de oração enquanto for verdade...

Que Satanás treme quando vê
O mais fraco dos santos ajoelhado.

A fé corajosa é fortalecida e purificada ao superar as dificuldades. Essas dificuldades apenas guiam os olhos da fé ao prêmio glorioso que há para ser conquistado por quem é bem-sucedido ao lutar em oração. Os homens não devem fraquejar na disputa da oração, mas entregar-se a essa elevada e santa tarefa, resistindo às dificuldades no caminho e desfrutando de uma felicidade ainda maior que tem um anjo com os resultados. Bem disse Lutero: "Orar bem é estudar bem". Mais do que isso, orar bem é ter lutado bem. Orar bem é ter vivido bem. Orar bem é morrer bem.

A oração é um dom raro; não é um dom pronto e popular. Oração não é fruto de talentos naturais; é o produto da fé, da santidade, de profundo caráter espiritual. Os homens aprendem a orar como aprendem a amar. Perfeição na simplicidade, na humildade, na fé — são estes os principais ingredientes. Os novatos nessas graças não são adeptos da oração. Ela não pode ser apoderada por mãos destreinadas; apenas os graduados na mais elevada escola de arte dos céus podem tocar suas afinadas teclas, elevar seus mais doces e elevados tons. Materiais e acabamentos finos são um requisito. Mestres são uma necessidade, pois simples aprendizes não podem executar a tarefa da oração.

O espírito da oração deveria governar nosso espírito e nossa conduta. O espírito do quarto de oração deve controlar nossa vida, ou essa hora será

*Capítulo 10* **119**

enfadonha e sem vigor. Sempre orando no espírito, sempre agindo no espírito de oração; é isso que torna forte nossa oração. O espírito de cada momento é o que concede força à comunhão individual. É o que somos fora do quarto de oração que dá vitória ou derrota a esse lugar. Se o espírito do mundo prevalece nas nossas horas fora do quarto, o espírito do mundo prevalecerá nas nossas horas ali, e tudo não passará de uma farsa vã e inútil.

Devemos viver para Deus fora do quarto de oração se queremos encontrar Deus ali. Devemos bendizer Deus com uma vida de oração se queremos a bênção dele no quarto de oração. Devemos fazer a vontade de Deus na nossa vida se queremos ter a atenção de Deus no quarto de oração. Devemos ouvir a voz de Deus em público se queremos que Deus ouça nossa voz em particular. Deus deve ser dono do nosso coração fora do quarto de oração se queremos sua presença no quarto. Se queremos Deus no quarto de oração, Deus deve nos ter fora dele. Não há como orar a Deus, a não ser vivendo para Deus. O quarto de oração não é simplesmente um lugar confessional, mas uma hora de santa comunhão, elevada e doce comunicação e intensa intercessão.

Os homens orariam melhor se vivessem melhor. Eles receberiam mais de Deus se vivessem uma vida mais obediente e agradável a Deus. Teríamos mais força e tempo para o serviço divino da intercessão se não tivéssemos que gastar tanta força e tempo pagando dívidas antigas e taxas delinquentes. Nossos encargos espirituais excedem tanto nossos recursos espirituais que nosso tempo no quarto de oração é gasto em revogar um decreto de bancarrota em vez de ser um tempo de grande riqueza espiritual para nós e outros. Nosso quarto de oração é tão parecido com a placa de sinalização "Fechado para reparos".

A respeito da vida de oração dos primeiros cristãos, João declarou: "e recebemos dele tudo o que pedimos, porque obedecemos aos seus mandamentos e fazemos o que lhe agrada" (1João 3.22). Devemos observar que regiões ilimitadas foram incluídas, que dons ilimitados foram recebidos por suas orações poderosas: "Tudo" como é amplo o alcance da oração poderosa; quão sugestivos os motivos para a habilidade de orar e ter as orações respondidas! Obediência, no entanto mais do que mera obediência, fazendo as coisas que agradam a Deus. Eles iam ao quarto de oração fortalecidos por sua obediência estrita e fidelidade amorosa a Deus em sua conduta. A vida deles não era apenas verdadeira e obediente, mas estavam pensando em coisas mais elevadas do que obediência, buscando e fazendo o que agradava a Deus. Isso pode ser traduzido em passos ávidos e faces radiantes para encontrar-se com o Pai no quarto de oração, não simplesmente para ser perdoado, mas para ser aprovado e recebido.

Faz muita diferença se chegamos a Deus como criminoso ou como criança; para ser perdoado ou aprovado; para acertar as coisas ou ser abraçado; para ser punido ou favorecido. Para que a oração seja forte, deve estar sustentada por uma vida santa. O nome de Cristo deve ser honrado por nossa vida antes que possa honrar nossas intercessões. A vida de fé aperfeiçoa a oração de fé.

Nossa vida não apenas dá cor à nossa oração, como também lhe dá substância. Viver mal resulta em orar mal. Nossa oração é debilitada porque nossa vida é debilitada. O fluxo de oração não pode se elevar acima das fontes de vida. A força do quarto de oração provém da energia que flui das correntes confluentes da vida. A debilidade da vida lança sua fraqueza nos quartos de oração. Não podemos falar com Deus intensamente se não vivemos intensamente por Deus. O quarto não pode ser santificado para Deus quando a vida não foi santa para Deus. A Palavra de Deus enfatiza a conduta que valoriza a oração: "'Aí sim, você clamará ao Senhor, e ele responderá; você gritará por socorro, e ele dirá: Aqui estou. Se você eliminar do seu meio o jugo opressor, o dedo acusador e a falsidade do falar'" (Isaías 58.9).

Os homens devem orar "levantando mãos santas, sem ira e sem discussões" (1Timóteo 2.8). Devemos passar o tempo da nossa peregrinação aqui, em temor, se quisermos clamar ao Pai. Não podemos separar a oração da conduta. "e recebemos dele tudo o que pedimos, porque obedecemos aos seus mandamentos e fazemos o que lhe agrada" (1João 3.22). "Quando pedem, não recebem, pois pedem por motivos errados, para gastar em seus prazeres" (Tiago 4.3). A ordem de Cristo para vigiar e orar (Mateus 26.41) serve para proteger e guardar a conduta a fim de que cheguemos ao quarto de oração com toda a força que a proteção vigilante pode nos assegurar.

Infelizmente, a nossa religião se rompe com frequência com a nossa conduta. Belas teorias são arruinadas por vidas disformes. O aspecto mais difícil, bem como mais impressionante da piedade é vivê-la. Nossa oração sofre tanto quanto nossa religião por vivermos mal. Na igreja primitiva, os pregadores foram encarregados de pregar com a vida ou não pregar. Portanto, os cristãos em todos os lugares deveriam ser encarregados de orar com a própria vida ou simplesmente não orar. É claro que a oração de arrependimento é aceitável. Mas arrependimento significa parar de fazer o que é errado e aprender a fazer o certo. Um arrependimento que não produz mudança na conduta é uma fraude. Oração que não resulta em conduta pura é uma ilusão. Perdemos toda a virtude da oração se ela não é capaz de corrigir a conduta. Faz parte da própria natureza das coisas deixar de orar ou abandonar a má conduta. A oração fria e morta pode existir com má conduta, mas a oração fria e morta não é a oração que Deus estima. Nossa oração cresce em poder à medida que corrige a vida. Uma vida que cresce em pureza e devoção será uma vida de mais oração.

A pena é que muitas das nossas orações não têm alvos e objetivos. Elas não têm propósitos. Quantas orações há de homens e mulheres que não permanecem em Cristo — orações apressadas, orações doces cheias de sentimentos, orações agradáveis, mas que não podem ser endossadas por uma vida comprometida com Cristo. Oração popular! Quantas dessas orações vêm de corações não santificados e de lábios não consagrados! As orações saltam à vida sob influência de um grande entusiasmo, por alguma emergência, por algum clamor popular, um grande perigo. Mas os requisitos da oração não estão ali. Corremos apressados à presença de Deus e tentamos conectá-lo à nossa causa, inflamá-lo com nossas paixões, movê-lo — expondo-nos ao perigo. Devemos orar por todas as coisas, mas com mãos limpas, com deferência absoluta à vontade de Deus e permanecendo em Cristo. Oração vazia feita por lábios e corações destreinados na oração, por vidas em desarmonia com Jesus Cristo; oração vazia que tem a forma e a aparência de oração, mas sem o verdadeiro coração da oração, nunca move Deus a uma resposta. É desse tipo de oração que Tiago declara: "[...] Não têm, porque não pedem. Quando pedem, não recebem, pois pedem por motivos errados [...]" (Tiago 4.2,3).

Os dois grandes males: não pedir e pedir da forma errada. Talvez o maior mal seja pedir mal, pois ele tem a aparência de dever cumprido, de oração quando não houve oração, um engano, uma fraude, um pretexto. Os tempos de mais oração não são realmente os de melhor oração. Os fariseus oravam muito, mas eles agiam por vaidade; a oração deles era o símbolo de sua hipocrisia, pela qual faziam da casa de oração de Deus um covil de salteadores. A oração deles era praticada em ocasiões formais — mecânicas, superficiais, profissionais, palavras bonitas, fragrantes no sentimento, bem ordenadas, bem recebidas pelos ouvidos que as escutavam, mas completamente vazias dos elementos da verdadeira oração.

Os requisitos da oração são bem ordenados e claros — permanecer em Cristo; em seu nome. Uma das primeiras necessidades, se quisermos alcançar as infinitas possibilidades da oração, é livrar-nos da oração vazia. Geralmente ela é bela nas palavras e na execução; tem a roupagem da oração de forma rica e dispendiosa, mas lhe falta a alma. Caímos com tanta facilidade no hábito vazio, que meramente cumpre um programa.

Se os homens somente orassem em todas as ocasiões e em todos os lugares aonde vão por impulso! Se apenas houvesse santos corações em chamas por trás dessas palavras bonitas e formas gentis! Se sempre houvesse corações elevados nesses homens de pé que proferem palavras perfeitas, mas vãs diante de Deus! Se sempre houvesse corações reverentemente curvados enquanto os joelhos dobrados pronunciam palavras diante de Deus para agradar os ouvidos dos homens!

Não há nada que preservará a vida da oração; seu vigor, doçura, obrigações, seriedade e valor, tanto quanto uma profunda convicção de que oração é aproximar-se de Deus, implorar a Deus, pedir a Deus. Então a realidade estará presente; a reverência estará então na atitude, no lugar e no ar. A fé aproximará, acenderá, abrirá. Formalidade e mornidão não podem conviver nesse alto e sincero refúgio da alma.

À oração vazia, falta o elemento essencial da verdadeira oração; ela não se baseia em desejo e é destituída de fervor e fé. O desejo carrega a carruagem da oração, e a fé dirige suas rodas. A oração vazia não tem fardo, pois não tem senso de necessidade; não é ardente, porque não tem a visão, a força nem o brilho da fé. Não há a poderosa pressão da oração; ela não se agarra desesperada a Deus: "[...] 'Não te deixarei ir a não ser que me abençoes' " (Gênesis 32.26). Não há abandono completo, perdido nas dores de um pedido desesperado, obstinado e consumidor: " 'Mas agora, eu te rogo, perdoa-lhes o pecado; se não, risca-me do teu livro que escreveste' " (Êxodo 32.32) ou "Dê-me a Escócia, senão eu morro". A oração vazia não arrisca nada, pois ela não tem nada a arriscar. Ela vem de mãos vazias, mas também são mãos indiferentes, assim como vazias. Elas nunca aprenderam a lição das mãos vazias que seguram a cruz; essa lição para elas não tem sentido nem graça.

A oração vazia não tem o coração na oração. A ausência do coração destitui a oração da realidade e faz dela um vaso sem nada e inadequado. O coração, a alma, a vida devem estar na nossa oração; o céu precisa sentir a força do nosso clamor e deve ser levado à aflita simpatia por nosso estado amargurado e necessitado. Uma necessidade que nos oprime e não tem alívio, a não ser no clamor a Deus, deve dar voz à nossa oração.

A oração vazia não é sincera. Ela não tem honestidade no coração. Nomeamos com palavras o que não desejamos no coração. Nossas orações dão expressão formal às coisas pelas quais nosso coração não apenas não tem fome, como também, na verdade, não tem prazer. Uma vez ouvimos um pregador bem conhecido e santo, que agora está no céu, perguntar abrupta e categoricamente a uma congregação que acabara de se levantar da oração: "Pelo que vocês oraram?". Se Deus fosse agarrá-los e sacudi-los e exigir saber pelo que vocês oraram, vocês não poderiam dizer para que ele salvasse a vida de vocês se disso dependesse lembrar-se do que se tratava a oração que acabou de sair de seus lábios. É sempre assim, a oração vazia não tem memória nem coração. Uma mera forma, uma massa heterogênea, uma combinação insípida, uma mistura jogada ao ar para preencher o tempo, mas sem coração nem objetivo, assim é a oração vazia. Uma rotina árida, um trabalho sombrio, uma tarefa pesada e monótona é a oração vazia.

Contudo, a oração vazia é muito pior do que uma tarefa ou trabalho. Ela separa a oração da vida; pronuncia suas palavras contra o mundo, mas o coração e a vida correm em direção ao mundo; ela ora por humildade, mas nutre o orgulho; ora por negar a si próprio, enquanto dá lugar à carne. Nada excede os graciosos resultados da verdadeira oração, mas é melhor nem mesmo orar do que fazer orações vazias, pois assim se está pecando, e o pior dos pecados é pecar ajoelhado.

O hábito da oração é um bom hábito, mas orar por mero hábito apenas é um mau hábito. Esse tipo de oração não está condicionado à ordem de Deus, nem foi gerado pelo poder de Deus. Não se trata apenas de um desperdício, de uma perversão e de uma ilusão, como também de uma fonte prolífica de incredulidade. A oração vazia não alcança resultados. Deus não é alcançado, a pessoa não é ajudada. É melhor não orar do que não alcançar resultados com a oração. Melhor para o que ora, melhor para os outros. Os homens ouvem os resultados prodigiosos que devem ser alcançados pela oração: o inigualável bem prometido na Palavra de Deus à oração. Tais mundanos observadores ou tímidos na fé marcam a grande discrepância entre os resultados prometidos e os resultados alcançados e são levados necessariamente a duvidar da verdade e do valor daquilo que é tão grande em promessa e tão miserável em resultado. A religião e Deus são desonrados, e a dúvida e a incredulidade são fortalecidas por muitos pedidos sem resposta.

Por outro lado, que força poderosa é a oração verdadeira. A oração verdadeira ajuda Deus e o homem. O Reino de Deus avança por meio dela. Os maiores bens chegam aos homens por meio dela. A oração pode fazer tudo o que Deus pode fazer. A pena é que não acreditamos nisso como deveríamos e não o pomos à prova.

# CAPÍTULO 11

A mais profunda necessidade da igreja hoje não é de coisas materiais ou exteriores; a necessidade mais profunda é espiritual. O serviço sem oração nunca vai trazer o Reino. Nós negligenciamos a oração da forma que é prescrita. Raramente entramos no quarto de oração e fechamos a porta para um período de oração. Os interesses do Reino são urgentes, e devemos orar. Dar sem orar nunca evangelizará o mundo.

— DOUTOR A. J. GORDON

O grande assunto da oração, aquela ampla necessidade da vida cristã, está intimamente ligada à plenitude pessoal do Espírito Santo. É "pois por meio dele [que] tanto nós como vocês temos acesso ao Pai, por um só Espírito" (Efésios 2.18), e pelo mesmo Espírito, tendo entrado na antessala pelo "novo e vivo caminho", somos capacitados a orar na vontade de Deus (Romanos 8.15, 26,27; Gálatas 4.6; Efésios 6.18; Judas 20,21).

Eis o segredo da oração que prevalece: orar sob direta inspiração do Espírito Santo, cujas petições por nós e por meio de nós estão sempre de acordo com o propósito divino e, por isso, certas de obter resposta. "Orar no Espírito Santo" nada mais é do que cooperar com a vontade de Deus, e tal oração sempre é vitoriosa. Quanto cristãos há que não conseguem orar e que buscam por esforço, resolução, unindo-se a círculos de oração etc., cultivar neles mesmos a "santa arte da intercessão", e

## 130 PROPÓSITO NA ORAÇÃO

> tudo isso para nada. Eis para eles e para todos o
> único segredo de uma verdadeira vida de oração:
> "deixem-se encher pelo Espírito" (Efésios 5.18),
> que é "o Espírito de ação de graças e de súplicas"
> (Zacarias 12.10, nota de rodapé).
> — REVERENDO STUART HOLDEN, M. A.

O CAPÍTULO ANTERIOR TERMINOU com a declaração de que a oração pode fazer tudo o que Deus pode fazer. Essa é uma tremenda declaração a ser feita, mas é uma declaração que nasceu pela história e experiência. Se estamos permanecendo em Cristo — e se permanecemos nele estamos vivendo em obediência à sua santa vontade — e nos aproximamos de Deus em nome dele, então se abrem diante de nós os infinitos recursos do tesouro de Deus.

O homem que verdadeiramente ora recebe de Deus muitas coisas que são negadas ao homem que não ora. O objetivo da verdadeira oração é alcançar o que se pediu em oração, assim como a criança que chora por pão tem como objetivo conseguir o pão. A visão remove a oração da esfera da atuação religiosa. Orar não é encenar ou seguir rituais religiosos. A oração não é nem oficial, nem formal, nem cerimonial, mas direta, intensa e de coração. A oração não é um serviço religioso que deve ser cumprido e tem eficácia porque foi bem feita. Oração é a criança necessitada e indefesa que chora por compaixão do coração do Pai e por abundância e poder da mão paterna. A resposta é tão certa como o coração do Pai pode ser tocado e a mão do Pai pode ser movida.

O objetivo de pedir é receber. O objetivo de procurar é encontrar. O propósito de bater é chamar atenção e entrar, e esta é a afirmação de Cristo repetida e reiterada de que a oração que não duvida será respondida, seus objetivos sem dúvida serão assegurados. Não algo sem rumo, mas alcançando exatamente o que se pediu.

O valor da oração não está em seu número, mas seu valor se encontra na grande verdade de que somos privilegiados por nosso relacionamento com Deus ao aliviar nossos desejos e tornar nossos pedidos conhecidos por Deus, e ele nos socorre concedendo nossas petições. O filho pede porque o pai tem o hábito de conceder o pedido do filho. Como filhos de Deus, precisamos de algo e precisamos desesperadamente, portanto vamos a Deus pedindo. Nem a Bíblia nem o filho de Deus conhecem a declaração meio infiel de que devemos responder a nossas próprias orações. Deus responde às orações. O verdadeiro cristão não ora para motivar-se, mas sua oração é a motivação própria para agarrar-se a Deus. O coração da fé não sabe nada sobre o ilusório ceticismo que detém os passos da oração e esfria seu ardor ao sussurrar que a oração não afeta Deus.

D. L. Moody costumava contar a história de uma criança cujos pais haviam morrido e que fora adotada por outra família. Na primeira noite, ela perguntou se podia orar como costumava fazer. Eles disseram: "Oh, sim!". Então ela se ajoelhou e orou como sua mãe a ensinara; quando terminou, acrescentou uma pequena prece dela mesma: "Ó Deus, faze que essas pessoas sejam tão gentis para mim como a mamãe e o papai eram". Então ela parou e olhou para cima, como se estivesse esperando a resposta, e em seguida acrescentou: "É claro que irá". Como era doce e simples a fé daquela criança! Ela esperava que Deus respondesse e "fizesse", e "é claro" que recebeu o que pediu; esse é o espírito com que Deus nos convida a nos aproximar dele.

Em contraste com esse evento, há a história do estranho líder de classe de Yorkshire, Daniel Quorm, que estava visitando um amigo. Uma tarde, ele foi até o amigo e disse: "Sinto muito que tenha me recebido com tamanho desapontamento".

"Oh, não", disse o homem, "não o recebi com desapontamento".

"Sim", disse Daniel. "Você estava esperando alguma coisa admirável hoje."

"O que você quer dizer?", disse o amigo.

*Capítulo 11* **133**

"Porque você orou para que pudesse ser doce e gentil o dia inteiro. E, pelo jeito que as coisas correram, vejo que você ficou muito desapontado."

"Oh", disse o homem, "pensei que você se referisse a algo específico".

A oração é poderosa em suas ações, e Deus nunca decepciona aqueles que depositam sua fé e confiança nele. Eles podem ter que esperar muito pela resposta e podem até não viver para ver a resposta, mas a oração de fé nunca perde seu objetivo.

O doutor Wilbur Chapman faz um relato:

Um amigo meu, em Cincinnati, pregara seu sermão e depois se sentara de volta em seu lugar, quando se sentiu impelido a fazer outro apelo. Um rapaz nos fundos da igreja levantou a mão. Meu amigo deixou o púlpito e foi até ele e disse: "Fale-me sobre você". O rapaz disse: "Eu moro em Nova York. Sou um filho pródigo. Eu trouxe desgraça ao nome do meu pai e parti o coração da minha mãe. Fugi e disse a eles que não voltaria até que me tornasse cristão ou me levassem para casa morto". Naquela noite, uma carta foi enviada de Cincinnati dizendo ao pai e à mãe que o filho deles voltara para Deus.

Sete dias depois, em um envelope de bordas pretas, chegou uma resposta que dizia: "Meu querido menino, quando recebi a notícia de que você recebera Jesus Cristo, o céu estava obscurecido; seu pai havia morrido". A carta prosseguia contando que o pai havia orado por seu filho pródigo em seu último suspiro de vida e concluía: "Você é cristão hoje à noite, porque seu pai não abriu mão de você".

Um garoto de 14 anos de idade recebeu uma tarefa do pai. Aconteceu que um grupo de rapazes apareceu logo em seguida e convenceu o garoto a ir com eles e, assim, a tarefa não foi realizada. O pai voltou para casa naquela noite e perguntou: "Frank, você fez a tarefa que lhe pedi?". "Sim, senhor", disse Frank. Ele contou uma mentira, e seu pai sabia disso, mas não disse nada. O garoto ficou incomodado, mas foi para a cama como de costume. Na manhã seguinte, a mãe disse a ele: "Seu pai não dormiu a noite inteira".

"Por que ele não dormiu?", perguntou Frank.

Sua mãe respondeu: "Ele passou a noite toda orando por você".

Isso foi como uma flecha no coração dele. Ele estava profundamente convencido do pecado e não conseguiu descansar até acertar tudo com Deus. Muito tempo depois, quando o garoto se tornou o bispo Warne, ele disse que sua decisão por Cristo aconteceu por causa da noite de oração do pai.

*Capítulo 11* **135**

Ele viu o pai guardando uma vigília triste e solitária por seu garoto, e isso quebrantou seu coração. Ele disse: "Nunca poderei ser o suficientemente grato a ele por aquela oração".

Um evangelista, muito usado por Deus, registrou que iniciara uma série de reuniões em uma pequena igreja de cerca de 20 membros que eram muito frios, sem vida e divididos. Uma pequena reunião de oração era realizada por duas ou três mulheres. "Preguei e terminei às 8 horas", disse ele. "Não havia ninguém que quisesse dizer algo ou orar." Na noite seguinte, um homem falou:

> Pela manhã, percorri dez quilômetros até o escritório de um ministro, ajoelhei-me e orei. Voltei e disse à pequena igreja:
>
> "Se vocês conseguirem me acolher, ficarei até que Deus abra as janelas do céu. Deus prometeu abençoar esses meios, e creio que ele o fará".
>
> Dentro de dez dias havia tantas almas ansiosas que encontrei 150 delas de uma vez em uma reunião de novatos, enquanto os cristãos estavam orando em outra casa de adoração. Creio que várias centenas se converteram. É seguro acreditar em Deus.

Uma mãe pediu ao falecido John B. Gough para visitar o filho dela e ganhá-lo para Cristo. Gough percebeu que a mente do jovem rapaz estava cheia de noções céticas e era impenetrável aos argumentos. Finalmente, ele pediu ao jovem rapaz para orar, apenas uma vez, para ser iluminado. Ele replicou: "Não conheço nada perfeito a quem ou ao qual eu poderia orar". "Que tal o amor de sua mãe?", disse o orador. "Isso não é perfeito? Ela não ficou sempre ao seu lado e esteve sempre pronta a acolhê-lo e cuidar de você, mesmo quando seu pai o havia mandado embora?" O jovem rapaz engasgou de emoção e disse: "S-i-m, senhor; isso é verdade". "Então, ore ao Amor; ele o ajudará. Você promete?" Ele prometeu. Naquela noite, o jovem orou na privacidade de seu quarto. Ele se ajoelhou, fechou os olhos e, lutando por um momento, pronunciou as palavras: "Ó amor". Instantaneamente, como um raio de luz, o antigo conhecido texto da Bíblia lhe veio à mente: "Deus é amor", e ele disse, quebrantado: "Ó Deus!". Então outro raio de verdade divina, e uma voz disse: "Porque Deus tanto amou o mundo que deu seu Filho Unigênito", e, ali, instantaneamente, ele exclamou: "Ó Cristo, encarnação do mais divino amor, mostra-me luz e verdade". Tudo terminou. Ele estava na luz da mais perfeita paz. Ele correu escada abaixo, acrescenta o narrador desse fato, e contou à mãe que estava salvo. Aquele jovem é hoje um eloquente ministro de Jesus Cristo.

Uma escassez de água ameaçava Hakodate, Japão. A senhorita Dickerson, da Escola Metodista Episcopal para Meninas, via o suprimento de água diminuindo diariamente e em um mês de outono pediu ajuda ao Conselho em Nova York. Não havia dinheiro disponível, e nada foi feito. A srta. Dickerson informou-se sobre o custo para construir um poço artesiano, mas o preço era alto demais. Na noite de 31 de dezembro, quando a água estava quase acabada, as professoras e as alunas mais velhas reuniram-se para orar por água, embora não tivessem ideia de como a oração poderia ser respondida. Alguns dias depois, o escritório de Nova York recebeu uma carta que dizia mais ou menos o seguinte:

"Filadélfia, 1º de janeiro. São seis horas da manhã do dia de ano-novo. Todos os outros membros da família estão dormindo, mas acordei com a estranha impressão de que alguém, em algum lugar, está precisando de dinheiro que o Senhor quer que eu supra". Anexo, estava um cheque com um valor que cobria exatamente o preço do poço artesiano e o encanamento da água para os prédios da escola.

"Vi a mão de Deus estendida para curar entre os pagãos com poder tão maravilhoso como no tempo apostólico", disse certa vez um conhecido ministro ao escritor. "Eu estava pregando para 2 mil meninas órfãs famintas em Kedgaum, Índia, na Missão Ramabai's Mukti (salvação). Um grupo de serpentes tão venenosas e mortais como o réptil que atacou Paulo invadiu, de repente, o chão cercado por muros, "enviadas de Satanás", disse Ramabai, e várias de suas mais bonitas e fiéis meninas cristãs foram atacadas por elas, duas delas picadas duas vezes. Vi quatro das próprias flores de seu rebanho em convulsão instantânea, inconscientes e aparentemente entre as agonias da morte.

Ramabai crê na Bíblia com uma fé irrestrita e obediente. Havia três de nós, missionários, ali. Ela disse: "Vamos fazer exatamente o que a Bíblia diz. Quero que você ministre a cura delas de acordo com Tiago 1.14-18". Ela abriu caminho até o dormitório no qual as meninas estavam deitadas em espasmos e impusemos as mãos sobre a cabeça delas, oramos e as ungimos com óleo em nome do Senhor. Cada uma delas foi curada tão logo eram ungidas, e sentavam-se e cantavam com a face brilhando. Aquele milagre e maravilha entre os pagãos confirmou poderosamente a palavra do Senhor e foi uma proclamação profunda e irresistível de Deus.

Alguns anos atrás, o registro de uma obra de graça maravilhosa relacionada com uma das estações da Missão para o Interior da China atraiu considerável atenção.

*Capítulo 11* 139

Tanto o número como o caráter espiritual dos convertidos foram bem maior do que em outras estações nas quais a consagração dos missionários fora tão grande quanto no lugar onde dera mais frutos.

A rica colheita de almas permaneceu um mistério até que Hudson Taylor em uma visita à Inglaterra descobriu o segredo. No final de um de seus discursos, um senhor veio à frente apresentar-se. Na conversa que se seguiu, o senhor Taylor ficou surpreso com o conhecimento preciso que o homem possuía dessa estação no interior da China. "Mas como pode ser", perguntou o senhor Taylor, "que você tem tanta familiaridade com as condições desse trabalho?" "Oh!", ele respondeu, "o missionário de lá e eu somos ex-colegas; por anos temos nos correspondido; ele me enviou os nomes dos simpatizantes e dos convertidos e os tenho levado diariamente a Deus em oração".

Finalmente o segredo fora descoberto! Um homem que orava em casa, orando decididamente, diariamente, por casos específicos entre os pagãos. Esse é o verdadeiro missionário de intercessão.

O próprio Hudson Taylor, como o mundo inteiro sabe, era um homem que sabia orar e cuja oração era abençoada com respostas frutíferas. Na história de sua vida, contada pelo doutor e pela senhora Howard Taylor, encontramos página após página brilhando com orações respondidas. Quando estava a caminho da China pela primeira vez, em 1853, quando tinha apenas 21 anos de idade, ele recebera uma resposta definitiva de oração que foi um grande encorajamento para sua fé:

> Eles haviam acabado de cruzar o estreito de Dampier, mas ainda não estavam distantes das ilhas. Geralmente uma brisa se levantava depois do pôr do sol e durava até o amanhecer. Fazia-se o melhor uso da brisa, mas durante o dia eles ficavam parados com as velas caídas, com frequência retrocedendo um bocado o avanço que se fizera durante a noite.

A história continua nas próprias palavras de Hudson Taylor:

> Isso aconteceu de forma marcante, certa ocasião, quando estávamos perigosamente próximos do norte da Nova Guiné. A noite de sábado nos levara a um ponto cerca de 30 milhas distante da terra, e durante o culto da manhã de domingo, que aconteceu no convés, eu não podia deixar de notar que o capitão parecia preocupado e frequentemente ia até o lado do navio. Quando o culto terminou, descobri a causa. Uma corrente de quatro nós estava nos empurrando em direção a recifes submersos

e já estávamos tão perto que parecia improvável que atravessaríamos a tarde em segurança. Depois do almoço, o bote foi colocado para fora, e todas as mãos tentaram, sem sucesso, virar o barco para o lado contrário à praia.

Depois de ficarmos durante um tempo em silêncio no convés, o capitão me disse:

"Bem, fizemos tudo o que poderia ser feito. Agora só nos resta esperar o resultado".

Um pensamento me ocorreu e repliquei: 'Não, há uma coisa que ainda não fizemos".

"O quê?", perguntou ele.

"Quatro de nós no navio somos cristãos. Cada um de nós vai se retirar para sua cabine, e vamos concordar em oração, pedindo ao Senhor que imediatamente nos dê uma brisa. Ele pode facilmente mandá-la agora ou ao pôr do sol".

O capitão concordou com a proposta. Fui falar com os outros dois homens, e, depois da oração com o carpinteiro, nós quatro nos retiramos para esperar em Deus. Tive um período bom, mas bem breve de oração, e então me senti tão satisfeito que nosso pedido fora concedido que não pude continuar pedindo e em pouco tempo voltei para o convés. O primeiro oficial, um homem ímpio, estava no comando. Fui até ele e pedi que baixasse os punhos da vela ou as cantoneiras da vela principal, que haviam sido levantadas a fim de diminuir a inútil oscilação das velas contra os cabos.

"De que isso iria adiantar?", respondeu ele asperamente.

Disse-lhe que estivéramos pedindo que Deus enviasse um vento; que o vento chegaria imediatamente e já estávamos tão perto do recife que não havia um minuto a perder.

Com uma imprecação e um olhar de desprezo, ele disse que preferia ver o vento a ouvir sobre ele.

Mas, enquanto ele estava falando, eu observava seus olhos seguindo em direção à vela e lá, com certeza, a ponta da vela mais alta estava começando a tremer com a brisa.

"Você não vê que o vento está vindo? Veja a vela!", exclamei.

"Não, é só uma lufada de vento", acrescentou ele.

"Lufada de vento ou não, por favor, baixe a vela principal e aproveitemos o que podemos", gritei.

Isso ele não demorou a fazer. No minuto seguinte, os passos pesados dos homens no convés trouxeram o capitão de sua cabine para ver qual era o problema. A brisa realmente viera! Em poucos minutos, estávamos abrindo caminho nas águas a seis ou sete nós por hora [...] e, embora o vento às vezes fosse instável, não o perdemos até depois de termos passado as ilhas Palau.

*Capítulo 11*        **143**

"Assim, Deus me encorajou", acrescentou esse santo de oração, "antes de desembarcar na China a levar a ele em oração todo e qualquer tipo de necessidade e esperar que ele honre o nome do Senhor Jesus e envie a ajuda que cada emergência exige".

Em uma preleção em Cambridge, algum tempo atrás (registrada na *The Life of Faith*, 3 de abril, 1912), o senhor S. D. Gordon contou com sua maneira inimitável a história de um homem de seu próprio país para ilustrar com fatos da vida real a realidade da oração e que ela não se trata de mera conversa.

Esse homem, disse o senhor Gordon, vinha de uma antiga família da Nova Inglaterra, em essência uma família inglesa. Ele era gigante no tamanho, um homem intelectualmente perspicaz, e lecionava na universidade. Ele partira para o Oeste para ali viver e representava um proeminente distrito na Casa do Congresso, correspondendo à nossa Casa dos Comuns. Tratava-se de um líder proeminente em seu país. E, embora tivesse sido criado em uma família cristã, era um cético e costumava falar contra o cristianismo. Ele me contou que gostava de provar em suas aulas como pensava conclusivamente que não havia Deus. Esse era o tipo de sua infidelidade.

Certo dia ele me contou que estava sentado na Câmara do Congresso. Estava na época de eleição presidencial, quando os ânimos partidários estão exaltados. Qualquer um concordaria que aquele era o último lugar em que um homem estaria inclinado a pensar sobre coisas espirituais. Ele disse: "Estava sentado no meu lugar naquela casa lotada, com atmosfera exaltada, quando me veio o sentimento de que o Deus cuja existência eu pensava poder negar de forma bem-sucedida pairou sobre mim, olhando-me do alto, e que ele não se agradara de mim e da forma em que eu vivia. Pensei: "Isso é ridículo. Acho que tenho trabalhado demais. Vou fazer uma boa refeição e dar uma longa caminhada, sacudir-me e ver se isso afasta esse sentimento". Ele fez a refeição reforçada, deu uma caminhada e voltou a seu assento, mas a impressão de que Deus estava lá e não se agradava dele não o deixava. Ele saía para dar uma caminhada todos os dias, mas nunca conseguia afastar o sentimento. Depois aconteceu que voltou a seu distrito eleitoral em seu estado, disse ele, para resolver um assunto. Ele tinha a ambição de vir a ser governador do estado, e seu partido era o partido dominante. Tanto quanto essas coisas podem ser julgadas, ele estava a caminho de se tornar governador ali, em um dos estados mais importantes do Centro-Oeste. Ele disse: "Fui para casa para acertar as coisas, no que dependesse de mim, e preparar-me. Mas, mal chegara em casa e trocara cumprimentos, minha esposa, uma mulher cristã fervorosa, disse-me que alguns deles haviam feito uma pequena aliança de oração para que me tornasse cristão". Ele não queria que ela soubesse da experiência pela qual passara, por isso disse o mais despreocupadamente que pôde: "Quando vocês começaram com isso, essa coisa da oração?". Ela disse a data. Então ele pensou rapidamente e soube que era o dia exato em que aquela estranha impressão viera sobre ele a primeira vez.

Ele me disse: "Eu estava tremendamente abalado. Queria ser honesto. Eu era perfeitamente honesto em não crer em Deus e pensava que estava certo. Mas, se o que ela dissera era verdade, então simplesmente como um advogado investigando suas evidências em um caso, essa era uma boa evidência de que realmente havia alguma coisa na oração deles. Eu estava terrivelmente abalado e queria ser honesto, mas não sabia o que fazer. Naquela mesma noite, fui até uma pequena capela metodista e, se alguém soubesse como falar comigo, penso que teria aceitado Cristo naquela noite". Então ele disse que na noite seguinte foi novamente àquela capela onde estavam realizando reuniões todas as noites e lá se ajoelhou no altar e rendeu sua vontade à vontade de Deus. Em seguida, disse: "Eu sabia que deveria pregar", e está pregando até hoje em um estado do Oeste. Essa é a metade da história. Eu também conversei com sua esposa, pois queria juntar as duas metades, de forma que apreendesse o ensino disso tudo, e ela me contou o seguinte. Ela era cristã, o que chamamos de cristã nominal, uma estranha confusão de termos. Depois chegou um tempo em que foi levada a uma entrega completa de sua vida ao Senhor Jesus Cristo. Então ela disse: "Imediatamente, surgiu um grande desejo de que meu marido fosse cristão, e fizéssemos aquele pequeno acordo de orar por ele, todos os dias até que ele se tornasse cristão. Naquela noite, eu estava ajoelhada ao lado da cama, antes de descansar, orando por meu marido, orando com muito fervor, e então uma voz me disse: 'Você está esperando os resultados que virão se seu marido se converter?' ". A pequena mensagem foi tão distinta que ela disse ter ficado assustada; ela nunca tivera esse tipo de experiência. Mas prosseguiu orando ainda com mais fervor, e novamente ela ouviu a voz suave: "Você está disposta a arcar com as consequências?". E, mais uma vez, ela teve a sensação de sobressalto, de susto. Mas ainda assim continuou orando e perguntando-se o que isso significava, e uma terceira vez a voz suave surgiu mais quietamente do que antes como descreveu: "Você está disposta a arcar com as consequências?".

Então ela me disse que respondeu com muito fervor: "Ó Deus, estou disposta a tudo que pensas ser bom, se apenas meu marido puder te conhecer e se tornar um verdadeiro homem cristão". Logo depois que essa oração saiu de seus lábios, uma maravilhosa sensação de paz que ela não podia explicar encheu seu coração, uma paz "que excede todo o entendimento" (Filipenses 4.7) e, a partir daquele momento — foi a noite da aliança, a noite em que seu marido teve aquela primeira experiência estranha — ela nunca deixou de crer que ele aceitaria Cristo. Durante todas aquelas semanas, ela orou com a firme convicção de que o resultado estava vindo. Quais foram as consequências? Elas foram de um tipo que creio ninguém consideraria pequenas. Ela era a esposa de um homem em uma posição política proeminente; era a esposa de um homem que estava a caminho de se tornar o primeiro oficial de seu estado e seria socialmente a primeira-dama daquele estado, com toda a honra que essa posição social implicaria. Agora é a esposa de um pregador metodista, mudando de casa a cada dois ou três anos, indo de um lugar a outro, uma posição social muito diferente, e tendo uma renda muito diferente, da que teria tido. Entretanto, nunca conheci uma mulher que tivesse mais da maravilhosa paz de Cristo em seu coração e da luz de Deus em seu rosto do que aquela mulher.

E o comentário do senhor Gordon sobre esse incidente foi o seguinte:

Vocês podem perceber imediatamente que não houve mudança no propósito de Deus por meio daquela oração. A oração realizou esse propósito; ela não o mudou. Mas a entrega da mulher deu-lhe a oportunidade de realizar a vontade que Deus queria realizar. Se nos entregarmos a ele e aprender sua vontade, e usarmos toda a nossa força para aprender sua vontade, então vamos começar a orar, e não há simplesmente nada que possa resistir ao tremendo poder da oração. Que mais homens e mulheres sejam simples o suficiente para tocar em Deus e entregar a ele o domínio completo de suas vidas e aprender sua vontade e, então, entregarem-se, como Jesus se entregou, ao serviço sagrado da intercessão!

*Capítulo 11* **149**

Não há nada admirável nas respostas que recebem o homem e a mulher que têm um relacionamento com Deus e que sabem orar. Eles têm certeza de serem ouvidos, pois pedem de acordo com o que sabem estar na mente e na vontade de Deus. O doutor William Burr, bispo da Europa na Igreja Episcopal Metodista, conta que há poucos anos, quando visitou a Escola de Meninos em Viena, descobriu que, embora o ano não tivesse acabado, todos os fundos disponíveis haviam sido gastos. Ele hesitou em fazer um apelo especial a seus amigos na América. Depois se reuniu com os professores. Eles levaram a questão a Deus com zelo e continuaram a orar, crendo que ele lhes concederia o pedido. Dez dias depois, o bispo Burt estava em Roma, e lá lhe chegou uma carta de um amigo de Nova York que dizia, em resumo, o seguinte: "Enquanto ia para meu escritório na Broadway certa manhã (e a data era exatamente a mesma em que os professores estavam orando), uma voz pareceu dizer-me que você estava precisando de fundos para a Escola de Meninos em Viena. Com muita alegria, envio um cheque para o trabalho". O cheque continha o valor necessário. Não houvera comunicação humana entre Viena e Nova York. Mas, quando eles ainda estavam falando, Deus respondeu.

Algum tempo atrás, apareceu em um semanário religioso inglês o relato de um incidente narrado por um pregador muito conhecido, durante uma pregação para crianças. Ele podia atestar a veracidade da história. Uma criança estava doente em uma casa no interior, e a irmã mais nova ouviu o médico dizer, ao sair da casa: "Nada, a não ser um milagre, pode salvá-la". A menininha foi até seu cofrinho, pegou as poucas moedinhas que continha e, com total simplicidade de coração, foi de mercado em mercado na rua do vilarejo, pedindo: "Por favor, quero comprar um milagre".

De cada um deles ela saía decepcionada. Até mesmo o químico local teve que dizer: "Minha querida, não vendemos milagres aqui". Mas do lado de fora dois homens estavam conversando e haviam ouvido o pedido da criança. Um deles era famoso médico de um hospital de Londres, que lhe pediu que explicasse o que queria. Quando ele compreendeu a necessidade, correu com ela até a casa, examinou a menina doente e disse à mãe: "É verdade, somente um milagre pode salvá-la, e ele precisa ser feito agora. Ele pegou os instrumentos, realizou a operação, e a vida da paciente foi salva.

D. L. Moody usa a seguinte ilustração sobre o poder da oração:

> Quando eu estava em Edimburgo, um amigo mostrou-me um homem e disse: "Aquele homem é o presidente do Clube dos Infiéis de Edimburgo".

Fui sentar-me ao lado dele e disse: "Meu amigo, estou feliz por vê-lo na nossa reunião. Você está preocupado com seu bem-estar?".

"Não acredito em vida futura."

"Bem, apenas se ajoelhe e deixe que eu ore por você."

"Não, eu não acredito em oração."

Ajoelhei-me ao lado dele enquanto ele continuava sentado e orei. Ele fez bastante chacota por isso. Um ano depois, o encontrei novamente. Peguei a mão dele e perguntei: "Deus ainda não respondeu a minha oração?".

"Não há Deus. Se você acredita em alguém que responde a orações, tente impor as mãos sobre mim."

"Bem, muitos estão orando por você agora, e o tempo de Deus vai chegar, e creio que você ainda vai ser salvo."

Algum tempo depois, recebi uma carta de um advogado importante de Edimburgo contando-me que meu amigo infiel se convertera a Cristo e que 17 homens de seu clube seguiram seu exemplo.

Eu não sabia como Deus responderia à oração, mas sabia que ele responderia. Vamos a Deus com ousadia.

Robert Louis Stevenson conta uma vívida história de uma tempestade no mar. Os passageiros lá embaixo estavam muito assustados enquanto as ondas batiam contra a embarcação. Por fim, um deles, contra as ordens recebidas, subiu ao convés e foi até o piloto, que estava amarrado ao leme, que ele virava sem vacilar. O piloto avistou o homem apavorado e lhe deu um sorriso confortador. O passageiro desceu e confortou os outros, dizendo: "Eu vi o rosto do piloto, e ele sorriu. Tudo está bem".

É assim que nos sentimos quando pelo portão da oração encontramos o caminho até a presença do Pai. Nós vemos sua face e sabemos que tudo está bem, uma vez que sua mão está no leme dos acontecimentos e " 'até os ventos e o mar lhe obedecem' " (Mateus 8.27). Quando vivemos em comunhão com ele, vamos com confiança à sua presença, pedindo em plena certeza de receber e encontrando a justificação da nossa fé.

# CAPÍTULO 12

Que seu coração esteja determinado a buscar o avivamento da religião. Nunca esqueça que as igrejas até aqui têm existido e prosperado e, se vão existir e prosperar no tempo que virá, deve ser pelo mesmo motivo que desde o início foi sua glória e deferência.
— JOEL HAWES

Se algum ministro se satisfizer sem conversões, ele não terá conversões.
— C. H. SPURGEON

Creio que meu anseio por avivamento nunca foi nem metade do que deveria ser; também não vejo como um ministro pode evitar estar em uma "febre constante" quando seu mestre é desonrado e as almas são de tantas formas destruídas.

Um santo idoso uma vez foi até um pastor à noite e disse: "Estamos prestes a ter um avivamento". Perguntaram-lhe como ele sabia disso. Sua resposta foi: "Fui ao estábulo cuidar do gado duas horas atrás, e o Senhor me manteve lá em oração até agora. E senti que vamos ser avivados". Foi o início de um avivamento.
— H. C. FISH

DIZ-SE QUE A HISTÓRIA dos avivamentos é a história da religião, e ninguém pode estudar essa história sem ficar impressionado com sua poderosa influência sobre o destino da raça humana. Olhar para trás e ver o progresso do Reino divino sobre a terra é revisar períodos de avivamento que vieram como chuva refrescante sobre o solo seco e sedento, fazendo o deserto florescer como a rosa e trazendo novos períodos de vida e atividade espiritual, exatamente quando a igreja estava sob influência da apatia de cada época e precisava ser despertada para um novo senso de dever e responsabilidade. "De certo ponto de vista, e não do menos importante", escreve Thomas Lindsay, em *The Church and the Ministry in the Early Centuries* [A igreja e o ministério nos primeiros séculos]:

> A história da Igreja flui de um período de avivamento a outro, e quer tomemos os despertamentos na antiga Igreja católica medieval, quer na Igreja moderna, os avivamentos sempre foram trabalho de homens especialmente dotados com o poder de ver e declarar os segredos da mais profunda vida cristã, e o efeito desse trabalho sempre foi proporcional à receptividade espiritual da geração a quem se dirigiram.

Uma vez que Deus, desde o princípio, tem operado proeminentemente por meio de avivamentos, não se pode negar o fato de que eles são parte do plano divino. O reino do nosso Senhor tem avançado em grande medida através de períodos especiais de

*Capítulo 12* **155**

graciosa e rápida realização da obra de conversão, e pode-se inferir, portanto, que os meios pelos quais Deus tem atuado em outros tempos serão empregados no nosso tempo para produzir resultados semelhantes. "A silenciosa conversão de um pecador após outro sob o ministério comum do evangelho", diz certo autor sobre o assunto:

> [...] deve sempre ser considerada com sentimentos de satisfação e gratidão pelos ministros e discípulos de Cristo; mas uma manifestação periódica de conversão simultânea de milhares também deve ser desejada, dada a sua capacidade de proporcionar uma demonstração visível e marcante de que Deus tornou esse mesmo Jesus, que foi rejeitado e crucificado, tanto Senhor como Cristo; e que, em virtude de sua mediação divina, ele assumiu o cetro real de supremacia universal e deve reinar "até que todos os seus inimigos sejam postos debaixo de seus pés" (1Coríntios 15.25). É, portanto, razoável esperar que, de tempos em tempos, ele repetirá o que no dia de Pentecoste constituiu evidência coroadora de sua soberania e posição como Messias; e, agindo assim, surpreendeu as almas adormecidas por cuidados mundanos, ganhou o ouvido atento dos não convertidos e, de forma marcante, interrompeu aqueles sonhos brilhantes

de glória, grandeza, riqueza, poder e felicidade terrenos que a multidão rebelde e esquecida de Deus tanto estimavam. Tal derramamento do Espírito Santo cria imediatamente uma prova demonstrativa da completude e aceitação da oferta única de si mesmo como sacrifício pelo pecado e um "anseio" profético da certeza de que ele "aparecerá segunda vez, não para tirar o pecado, mas para trazer salvação aos que o aguardam" (Hebreus 9.28).

E que avivamentos devem ser esperados, procedentes, como são, do uso correto dos meios apropriados, é um fato que não precisa de pouca ênfase nestes dias, quando o material é exaltado à custa do espiritual e quando se supõem que padrões éticos são supremos. Que um avivamento não é um milagre foi poderosamente ensinado por Charles G. Finney. Pode haver, disse ele, um milagre nas causas que o antecederam, ou pode não haver. Os apóstolos serviram-se dos milagres simplesmente como forma de chamar atenção para a mensagem que anunciavam e para estabelecer sua autoridade divina. "Mas o milagre não era o avivamento. O milagre era uma coisa; o avivamento que se seguia era outra bem diferente. Os avivamentos nos dias dos apóstolos estavam relacionados a milagres, mas não eram milagres". Todos os avivamentos dependem de Deus, mas, nos avivamentos, como em

*Capítulo 12*  **157**

outras coisas, ele convida e exige a cooperação do homem, e o resultado completo é obtido quando há cooperação entre o divino e o humano. Em outras palavras, empregando uma frase familiar, somente Deus pode salvar o mundo, mas Deus não pode salvar o mundo sozinho. Deus e o homem unem-se nessa tarefa, e a resposta divina é invariavelmente proporcional ao desejo e ao esforço humanos.

Portanto, sendo essa cooperação necessária, qual é o dever que nós, como cooperadores de Deus, devemos assumir? Em primeiro lugar, e acima de tudo — o ponto que desejamos especialmente enfatizar —, devemos nos entregar à oração. Como nos lembra o doutor J. Wilbur Chapman:

> Os avivamentos nascem da oração. Quando Wesley orou, a Inglaterra foi avivada; quando Knox orou, a Escócia foi renovada; quando os professores da escola dominical de Tannybrook oraram, 11 mil jovens foram acrescidos à igreja em um ano. Noites inteiras de oração sempre foram seguidas de dias inteiros ganhando almas.

Quando a igreja de D. L. Moody em Chicago virou cinzas, ele foi para a Inglaterra, em 1872, não para pregar, mas para ouvir outros pregadores enquanto sua nova igreja estava sendo construída.

Certo domingo pela manhã, ele foi convencido a pregar em um púlpito de Londres. Mas, por algum motivo, não havia atmosfera espiritual. Mais tarde, ele confessou que nunca tivera tanta dificuldade para pregar em toda a vida. Tudo estava perfeitamente morto e, enquanto tentava inutilmente pregar, disse para si mesmo: "Que tolo fui em concordar em pregar! Eu vim aqui para ouvir e aqui estou pregando". Então, ocorreu-lhe o terrível pensamento de que teria de pregar novamente naquela noite, e somente o fato de ter feito uma promessa o manteve fiel ao compromisso. Mas, quando o senhor Moody subiu ao púlpito naquela noite e encarou a congregação lotada, ele percebeu uma atmosfera diferente. "Os poderes de um mundo invisível pareciam ter caído sobre os ouvintes." Quando ele se aproximava do fim do sermão, encorajou-se a fazer um convite e, ao concluir, disse: "Se há um homem ou uma mulher aqui que nesta noite quer aceitar Jesus, por favor, fique de pé". Imediatamente, cerca de 500 pessoas se levantaram. Pensando que devia haver algum engano, ele pediu que as pessoas se sentassem e, então, de forma que não houvesse nenhum mal-entendido, repetiu o convite, expressando-o em termos mais definidos e difíceis. Novamente, o mesmo número ficou de pé. Ainda achando que alguma coisa deveria estar errada, o senhor Moody, pela segunda vez, pediu que

*Capítulo 12* **159**

os homens e mulheres de pé se sentassem e, então, convidou quem realmente queria aceitar Cristo para passar à sala ao lado. As 500 pessoas fizeram o que ele pediu, e aquele foi o início de um avivamento naquela igreja e naquela região, o que trouxe o senhor Moody de volta de Dublin, alguns dias mais tarde, para que pudesse ajudar na maravilhosa obra de Deus.

Contudo, devemos contar o que se seguiu, ou o nosso propósito de relatar esse fato será frustrado. Quando o senhor Moody pregou no culto da manhã, havia uma mulher na congregação que tinha uma irmã inválida. Ao voltar para casa, ela contou à irmã inválida que o pregador tinha sido tal senhor Moody, de Chicago; ao ouvir isso, a mulher ficou pálida e disse:

> O quê? O senhor Moody de Chicago! Li sobre ele algum tempo atrás em um jornal americano e tenho orado a Deus para que o envie a Londres e à nossa igreja. Se eu soubesse que ele viria pregar esta manhã, não teria tomado o café da manhã. Teria passado o tempo inteiro em oração. Agora, minha irmã, saia do quarto, tranque a porta, não me mande jantar; não importa quem chegue, não deixe que venha me ver. Vou passar a tarde inteira em oração.

E assim, enquanto o senhor Moody estava à noite no púlpito que fora como um quarto de gelo pela

160 PROPÓSITO NA ORAÇÃO

manhã, a santa acamada o estava levando diante de Deus, e Deus, que sempre se agrada em responder às orações, derramou poderosamente seu Espírito.

O Deus dos avivamentos que respondeu à oração de sua filha em favor do senhor Moody está pronto a ouvir e responder às orações fiéis de seu povo hoje. Quando os requisitos de Deus são cumpridos, certamente o avivamento virá. O professor Thos Nicholson, do Cornell College, EUA, conta uma experiência de seu primeiro roteiro de visitas que destaca mais uma vez o lugar da oração na obra de Deus.

Não havia um avivamento naquela região fazia anos, e do ponto de vista espiritual poucas eram as esperanças de que isso sucedesse. Durante mais de quatro semanas, o pastor pregara fielmente, visitara todas as casas, armazéns, lojas e lugares distantes, e fizera tudo o que podia fazer. Na quinta noite de segunda-feira, havia muitos membros oficiais em suas casas fora da cidade; apenas um cabo estava na igreja.

Depois daquela reunião, o pastor foi para casa, desanimado, mas não desesperado. Ele decidiu passar aquela noite em oração. Ele trancou a porta, pegou a Bíblia e o hinário e começou a buscar com mais perseverança o Senhor, embora as reuniões tivessem sido assunto de horas de oração fervorosa. Somente Deus conhece a ansiedade e as horas de estudo fiéis e de oração daquela noite. Perto do amanhecer, ele

*Capítulo 12* **161**

sentiu uma grande paz e a plena certeza de que Deus certamente abençoaria o plano que fora decidido, e escolheu um texto que acreditava viera do Senhor. Desabando sobre a cama, o pastor dormiu por cerca de duas horas, então levantou, tomou o café da manhã rapidamente e percorreu cerca de 15 quilômetros, até o lugar mais distante, a fim de visitar algumas pessoas doentes. Durante todo o dia, a certeza aumentou.

> Perto do anoitecer, começou a chover, as estradas estavam enlameadas e chegamos em casa encharcados, com fome e um pouco atrasados, apenas para descobrir que o fogo não fora aceso na igreja, e não havia sinal de culto. O zelador concluíra que a chuva impediria o culto. Nós mudamos a ordem, soamos o sino e nos preparamos para a guerra. Três jovens formavam a congregação, mas em "plena confiança" o pastor entregou a mensagem sobre a qual orara na noite anterior tão fervorosa e detalhadamente como se a casa estivesse lotada e, em seguida, fez um apelo a cada um dos jovens individualmente. Dois se renderam e testificaram antes de a reunião terminar.

O pastor foi ter seu doce descanso e, na manhã seguinte, ao levantar-se um pouquinho mais tarde que o habitual, ficou sabendo que um dos jovens estava indo de armazém em armazém por toda a cidade, contando sobre sua maravilhosa libertação e exortando as pessoas à salvação. Noite após noite, aconteciam conversões, até que em duas semanas ouvimos 144 pessoas testemunharem em quarenta e cinco minutos. Todas as três áreas daquela região viram uma chama de avivamento naquele inverno, e família após família vinha para a igreja, até que a membresia mais que triplicou.

Daquela reunião, um convertido é um pastor bem-sucedido na Conferência Michigan, outra convertida é esposa de um dos nossos pastores mais destacados e o terceiro esteve no ministério por diversos anos e, depois, foi para outra denominação, na qual é fiel até hoje. Provavelmente nenhum dos membros ficou sabendo da noite de oração do pastor, mas ele verdadeiramente acredita que Deus faz pelo homem que ora o que não faz pelo homem que não ora, e ele está convicto de que "mais coisas são alcançadas pela oração do que este mundo pode imaginar".

Todos os verdadeiros avivamentos nasceram da oração. Quando o povo de Deus fica tão preocupado com o estado da religião a ponto de pôr o rosto no chão, dia e noite, em fervorosa súplica, com certeza a bênção virá.

É o mesmo que acontece em todas as épocas. Cada avivamento de que temos registro foi

*Capítulo 12* **163**

banhado por oração. Por exemplo, o maravilhoso avivamento em Shotts (Escócia) em 1630. O fato de que vários dos então perseguidos ministros foram responsáveis por tornar comuns as convocações solenes, uma grande multidão de santos reuniu-se nessa ocasião de todos os cantos do país e *passaram diversos dias em oração comunitária,* em preparação para o culto. À noite, em vez de retirar-se para descansar, a multidão dividiu-se em pequenos grupos e *passou toda a noite em súplicas e louvor.* A segunda-feira foi consagrada a ações de graças, uma prática que não era comum e experimentou grandes dias de banquete. Depois de muitos pedidos, John Livingston, capelão da condessa de Wigtown, um jovem ainda não ordenado, concordou em pregar. Ele *passara a noite reunido em oração,* mas à medida que a hora da reunião se aproximava, seu coração tremia ao pensar em se dirigir a tantos cristãos mais idosos e experientes e, de fato, ele fugiu do dever que assumira. Mas, quando a igreja de Shotts estava desaparecendo de vista, as palavras "Alguma vez eu fui um deserto ou uma terra de escuridão?" lhe vieram à mente com tanta força que o compeliram a voltar ao trabalho.

Ele tomou como texto Ezequiel 36.25,26 e pregou com grande poder por cerca de duas horas. Acredita-se que houve *500 conversões* com aquele sermão antecedido por oração. "Foi como plantar uma semente em Clydesdale, de modo que os cristãos mais eminentes daquele país podiam datar sua conversão, ou alguma notável confirmação, naquele dia".

Diz-se sobre Richard Baxter que "ele manchou as paredes de seu escritório com a respiração da oração; e, depois de ser tão ungido pelo Espírito Santo, dele jorrou um rio de água viva sobre Kidderminster". Whitfield, certa vez, orou: "Ó Senhor, dá-me almas, ou leva minha alma". Depois de muito implorar no quarto de oração, "ele certa vez foi até a feira do Diabo e arrancou mais de mil almas das garras do leão em um único dia".

O senhor Finney diz:

> Certa vez, conheci um ministro que teve um avivamento durante 14 invernos seguidos. Eu não sabia como explicar, até que vi um de seus membros levantar-se em uma reunião de oração e fazer uma confissão. "Irmãos", disse ele, "eu tenho o hábito de orar todos os sábados à noite até depois da meia-noite para que o Espírito Santo desça entre nós. E agora, irmãos (e começou a chorar), confesso que tenho negligenciado isso por duas ou três semanas". O segredo fora revelado. Aquele ministro tinha uma igreja de oração.

*Capítulo 12* **165**

E podemos seguir acrescentando exemplo após exemplo para mostrar o papel da oração no avivamento e demonstrar que cada movimento poderoso do Espírito Santo teve sua fonte no quarto de oração. A lição de tudo isso é a seguinte: como cooperadores de Deus, devemos nos considerar responsáveis por muitas das condições que prevalecem ao nosso redor hoje. Estamos preocupados com a frieza da igreja? Ficamos perturbados com a falta de conversões? Nossa alma se eleva a Deus, clamando no meio da noite pelo derramar de seu Espírito?

Se não, parte da culpa está na nossa porta. Se fizermos nossa parte, Deus fará a dele. Ao nosso redor há um mundo perdido no pecado e, acima de nós, um Deus disposto e capaz de salvar; cabe a nós construir a ponte que liga o céu à terra, e a oração é o poderoso instrumento que faz essa tarefa.

E, assim, o antigo clamor chega a nós com voz insistente: "Orem, irmãos, orem".

# CAPÍTULO 13

Senhor Jesus, faze que eu experimente na minha experiência diária a glória e a graça do teu nome e, então, ensina-me a usar isso na minha oração, para que eu possa ser como Israel, um príncipe que prevaleceu com Deus. Teu nome é meu passaporte e assegura meu acesso; teu nome é minha prece e assegura-me uma resposta; teu nome é minha honra e assegura-me glória. Nome abençoado, é como mel na minha boca, música nos meus ouvidos, céu no meu coração e tudo em todos no meu ser!
— C. H. Spurgeon

Não quero dizer que cada oração que fazemos é respondida exatamente da forma que desejamos. Se esse fosse o caso, nós estaríamos dando ordens a Deus, e a oração se degeneraria em um simples sistema de pedidos. Assim como um pai terreno sabe o que é melhor para o bem-estar dos filhos, Deus também leva em consideração as necessidades especiais de sua família humana e as supre com os recursos de seu maravilhoso tesouro. Se nossas petições estão de acordo com a vontade dele e, se buscamos sua glória no pedido, a resposta virá de uma forma que nos surpreenderá e encherá nosso coração com ações de graças. Deus é um pai rico e generoso e ele não se esquece de seus filhos, nem retém nada que seria de benefício para eles.
— J. Kennedy Maclean

*Capítulo 13* **167**

O EXEMPLO DO NOSSO Senhor na questão da oração deve ser imitado por seus seguidores. Cristo orou muito e ensinou muito sobre oração. Sua vida e obras, bem como seu ensino, são exemplos da natureza e da necessidade da oração. Ele viveu e se esforçou para responder às orações. Mas a necessidade da importunação na oração foi o aspecto enfatizado em seu ensino sobre oração. Ele não ensinou apenas que os homens devem orar, mas que devem perseverar na oração.

Ele ensinou em ordenanças e preceitos a ideia de firmeza e fervor na oração. Ele concede a nossos esforços progressão e clímax. Nós devemos pedir, mas ao pedido devemos somar busca, e a busca deve se transformar no esforço pleno de bater. A alma suplicante deve ser despertada ao esforço pelo silêncio de Deus. Negação, em vez de abatimento ou extinção, deve despertar a força latente e acender de novo seu maior ardor.

No Sermão do Monte, em que Jesus expõe os deveres primordiais de sua religião, o Mestre não apenas dá proeminência à oração em geral e à oração secreta em particular, mas também separa outra seção para dar peso à oração importuna. A fim de evitar qualquer desânimo na oração, ele estabelece como princípio básico a grande disposição paternal de Deus — que a disposição de Deus em responder a nossas orações excede nossa disposição em dar coisas boas e necessárias a nossos filhos tanto quanto a capacidade, bondade e perfeição de Deus excedem nossas debilidades e maldade. Como segurança e estímulo extra à oração, Cristo apresenta a mais positiva e repetida certeza de resposta às orações. Ele declara: " 'Peçam, e será dado; busquem, e encontrarão; batam, e a porta será aberta' " (Mateus 7.7). E, para confirmar a declaração, acrescenta: " 'Pois todo o que pede recebe; o que busca encontra; e àquele que bate, a porta será aberta' " (Mateus 7.8).

Por que ele descortina para nós a amorosa prontidão do Pai em responder às orações de seus filhos? Por que ele assegura tão enfaticamente que a oração será respondida? Por que ele repete seis vezes essa afirmação positiva? Por que Cristo, em duas ocasiões distintas, repete as mesmas poderosas promessas, iterações e repetições em relação à certeza de a oração ser respondida? Porque ele sabia que muitas respostas demorariam, exigiriam persistência importuna e, se nossa fé não tivesse a mais firme certeza da disposição de Deus em responder, a demora iria interromper a oração. Nossa preguiça espiritual se instalaria, sob o disfarce de submissão, dizendo que não era vontade de Deus dar o que havíamos pedido, e assim pararíamos de orar e nossa causa estaria perdida. Depois de Cristo ter exposto muito claramente a disposição de Deus em responder à oração, ele, em seguida, insiste na persistência, e que cada oração não respondida, em vez de enfraquecer nossa insistência, deveria apenas aumentar sua intensidade e força. Se o pedido não alcança resposta, deixe que ele passe para a atitude determinada da busca. Se a busca não alcança resposta, que passe para a mais determinada forma de súplica, bater. Devemos perseverar até alcançarmos. Não há como falhar, se nossa fé não desanimar.

Como nosso grande exemplo de oração, nosso Senhor põe o amor como condição primordial, um amor que purificou o coração de todos os princípios do ódio, vingança e má vontade. O amor é a condição suprema da oração, uma vida inspirada pelo amor. O capítulo 13 de 1Coríntios é a lei da oração bem como a lei do amor. A lei do amor é a lei da oração, e compreender esse capítulo da epístola de Paulo é aprender o primeiro e mais importante requisito da oração.

Cristo também nos ensinou a nos aproximarmos do Pai em seu nome. Esse é nosso passaporte. É em nome dele que devemos tornar conhecidas as nossas petições:

> "Digo a verdade: Aquele que crê em mim fará também as obras que tenho realizado. Fará coisas ainda maiores do que estas, porque eu estou indo para o Pai. E eu farei o que vocês pedirem em meu nome,

para que o Pai seja glorificado no Filho. O que vocês pedirem em meu nome, eu farei" (João 14.12-14).

Quão amplo e abrangente é "o que vocês pedirem". Não há limite para o poder desse nome. "O que vocês pedirem." Essa é a declaração divina, e ela abre uma perspectiva infinita de recursos e possibilidades a cada filho que ora.

E essa é nossa herança. Tudo o que Cristo possui pode vir a ser nosso se obedecermos às condições. O segredo é a oração. O lugar de revelação e capacitação, de graça e poder, é o quarto de oração e, ao nos encontrarmos com Deus ali, não apenas vamos alcançar as vitórias, mas também cresceremos em semelhança do nosso Senhor e nos tornaremos suas testemunhas aos homens.

Sem oração, a vida cristã, roubada de sua doçura e beleza, se torna fria, formal e morta, mas, arraigada no lugar secreto onde Deus se encontra, caminha e conversa com os seus, ela cresce como tal testemunho do poder divino que todos os homens sentirão sua influência e serão tocados pelo calor de seu amor. Assim, assemelhando-nos a nosso Senhor e Mestre, seremos usados para a glória de Deus e a salvação do nosso próximo.

Este certamente é o propósito de toda oração verdadeira e o fim de todo serviço verdadeiro.

SÉRIE:
VIDA DE ORAÇÃO

*Leia também...*

# HOMENS DE ORAÇÃO

A ORAÇÃO É A ESSÊNCIA DE GRANDES E IMPORTANTES LÍDERES

O Espírito Santo concederá ao homem de oração o brilho de uma esperança imortal, a música de uma canção imortal em seu batismo e comunhão com o coração, dará a esse homem as maiores e mais doces visões do céu até que as outras coisas percam o gosto e outras visões se tornem turvas e distantes. Ele colocará notas de outros mundos em corações humanos até que toda música do mundo seja dissonante e sem som.

# Leia também...

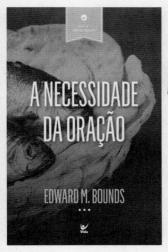

# A NECESSIDADE DA ORAÇÃO

A ORAÇÃO É ESSENCIAL, COMO O RESPIRAR

E. M. Bounds não orava de forma exemplar somente para escrever melhor sobre oração. Orava porque as necessidades do mundo estavam sobre ele. Orou, durante muitos anos, por coisas que homens de pouca consideração e fé prontamente classificam como impossíveis. De suas solitárias vigílias de oração, ano após ano, surgiram ensinamentos que poucos homens na história da igreja moderna conseguiram igualar.

Assim como respirar é uma realidade física para nós, tal era a oração para Bounds. Ele aplicou o mandamento "Orem sem cessar" tão literalmente quanto a natureza viva aplica a lei do sistema nervoso reflexo, que controla nossa respiração.